Kalt Kälter Kaltakquise

Kunden eiskalt gewinnen!

Andreas Webers
Vertriebsprofi + Verkaufstrainer +
Wirtschaftspsychologe

Kalt, Kälter, Kaltakquise
Kunden eiskalt gewinnen!

Bibliografische Information der Deutschen Nationalbibliothek Die Deutsche Nationalbibliothek verzeichnet diese Publikation in der Deutschen Nationalbibliografie; detaillierte bibliografische Daten sind im Internet über http://dnb.d-nb.de abrufbar.

Herausgeber:
Andreas Webers
Andreas Webers Coaching
Birkenweg 54
69221 Dossenheim

Umschlaggestaltung: Andreas Webers

Bilder, Cartoons und Fotos: Canva.com

Im Folgenden ist der Einfachheit immer vom "Verkäufer" die Rede, denn die ständige Unterteilung in "der Verkäufer/ die Verkäuferin" stört den Lesefluss erheblich. Seid mir bitte nicht böse, liebe Leserinnen, auch in Zeiten der Genderkonformität ist der Lesekomfort für alle immer noch ein wichtiges Qualitätsmerkmal für ein Buch.

Warum verkaufen?

Das ganze Leben ist verkaufen. Sicherlich bist du im Netz oder auf Veranstaltungen über diese Weisheit gestolpert. Doch warum halten sich solche Sprüche? Wahrscheinlich, weil etwas dran ist und sich dieses Mindset in der Praxis bewährt hat. Egal, ob Du ein Produkt oder eine Dienstleistung verkaufst oder dich selbst vermarktest. Du hörst es an jeder Straßenecke - wir sind jetzt alle im Verkauf. Jedoch gibt es viele Herausforderungen, die wir beim Verkauf haben:

- ☐ Wie bringst Du die Leute dazu, Dich zu mögen?
- ☐ Was sagst du am besten in der Akquise?
- ☐ Wie stellst du dein Produkt, deine Dienstleistung oder deine Idee auf?
- ☐ Wie schließt Du den Deal endlich ab?
- ☐ Wie erhöhst du deine Schlagfertigkeit, wenn deine Kunden "Einwände haben?
- ☐ Wie stellst du fest, ob dein Angebot überhaupt interessant für den Kunden ist?

Dein Erfolg und Umsatz hängt maßgeblich von deinem Können in Verkaufsgesprächen und Verhandlungen ab.

Du lernst in diesem Kurs die wirkungsvollen, psychologisch fundierten und in der Praxis erprobten

Kalt, Kälter, Kaltakquise
Kunden eiskalt gewinnen!

Techniken und Tricks, um deine Abschlussquoten bei der Kaltakquise deutlich zu erhöhen.

Dein brillanter Mehrwert

- ☐ Du lernst, bewährte **Verkaufsmethoden** um deine Geschäftsbeziehung optimal aufzubauen
- ☐ Schneller zum **Abschluss** kommen - ohne viel Marketing BLABLA
- ☐ Einfacher potentielle Kunden in Neukunden verwandeln
- ☐ Eine höhere Abschlussquote
- ☐ Leichter Zugang zum Entscheider
- ☐ Deutlich mehr Spaß an der Kaltakquise
- ☐ Palastwache erobern und "Vorzimmerdrachen" zähmen

Das wirst du lernen

- ☐ verkaufspsychologische Gesprächsführung: "Neins" in "Jas" verwandeln
- ☐ Mehr Umsatz und Kundenbindung
- ☐ Optimale Bedarfsanalyse durch aktives Zuhören
- ☐ Keine Zeit verschwenden - Keep it short and Simple
- ☐ Sprache selbstbewusster einsetzen
- ☐ Mehr Verkäufe durch rhetorische Tricks und Techniken

Für wen eignet sich dieses Buch

- ☐ Verkäufer im Einzelhandel
- ☐ Unternehmer, die Aufträge reinholen
- ☐ Marketer im MLM oder Network-Marketing
- ☐ Vertriebler B2B / B2C / G2B

Andreas Webers in Daten

- ☐ Neukundengewinnung B2B für Startups
- ☐ mittlere 6-stellige Umsätze für Kunden
- ☐ über 150 Seminartage als Trainer
- ☐ über 1000 Stunden Erfahrung als psychologischer Trainer und Verkaufscoach
- ☐ Verkauf von 4- und 5-stellige Dienstleistungen und Coachings übers Telefon und Zoom
- ☐ 3 Jahre Erfahrung als Verkäufer B2B, B2C und G2B
- ☐ 180 cm und 80 kg ;)

Einleitung

Vor einigen Jahren entbrannte in mir eine spannende Idee: ich will mein eigenes Coaching-Business starten und vielen Menschen mit meiner Dienstleistung unterstützen. Angetrieben durch meine Vision stürzte ich mich in die Arbeit, las diverse Bücher, ging auf meine ersten Seminare und besuchte selbst als Teilnehmer Gruppen-Coachings. WOW! Diese Erlebnisse begeisterten mich und beflügelten mich mit noch mehr Energie! DAS ist es. Damit will ich später meine Zeit verbringen und Geld verdienen. Während meines Studiums zum Wirtschaftspsychologen sammelte ich meine erste wertvolle Erfahrungen. Mir wurde schnell bewusst, dass die "Arbeit mit Menschen" mir sehr viel Spaß machte und ich eine tiefe Erfüllung darin finde. Schon damals konnte ich vollkommen gelassen, mich vor Menschen stellen und meinen Pitch oder meine Präsentation lebhaft und ansprechend dem Publikum vorführen. Wie aus Geisterhand und ohne jegliche Vorbereitung **machte** ich **einfach**! Ansprechende Einleitung, die Aufmerksamkeit der Zuhörer abholen, polarisierende Aussagen und die Kernbotschaft vermitteln, das beherrschte ich richtig gut. Und meine Kommilitonen waren selbstredend sehr dankbar, weil keiner wirklich Lust darauf hatte, sich da vorne hinzustellen!

Ein weiterer Schritt für meine zukünftige Karriere, denn es erfordert schon eine Prise Mut, vor Geschäftsführern und Entscheidern in realen Unternehmen eine Performance abzuliefern. Das lag mir also. Nun gut - ein sicheres Auftreten als Trainer und Coach brauchst du auf jeden Fall. Einen weiteren Punkt auf der Checkliste abgehakt.
Aber mal unter uns: eigentlich hatte ich überhaupt keinen Plan - ich dachte wenig nach und machte einfach meine Erfahrung! Aber scheinbar hatte ich ein ungeahntes Talent dafür...

Dann ein paar Etappen weiter und den Bachelor in der Hand stand ich in der großen weiten Welt. Knapp 3 Jahre Studium, Weiterbildungen und Recherchen weiter stand ich nun da. Was jetzt? Bewerbungen schreiben und eine Job finden. Nach einiger Zeit fand ich dann eine Stelle, bei der ich mit Menschen arbeiten konnte - in der beruflichen Reha als Trainer, Dozent und Coach. Dort sammelte ich ziemlich intensive Erfahrungen und entwickelte mich in diesem Setting extrem weiter. Ich half Menschen, denen es teilweise echt beschissen ging - ein paar andere nutzten nur das System aus - Exploiter wie ich sie gerne nenne. Eines wusste ich jedoch sehr früh: DIESEN Job mache ich höchstens ein Jahr. Da es sich um eine Teilzeitstelle handelte, machte ich mich nebenbei als Trainer und Coach selbstständig und plante bereits die ersten Schritte. Von Gewerbeanmeldung über eine eigene Homepage oder den Aufbau social Media Kanäle - viele Stunden vergingen und eigentlich brachten diese Schritte eher wenig. Lesson learned - du musst nicht alles selber machen. In dieser Zeit lernte ich, dass ein Jahr sehr schnell vorbei ist und ich stürzte mich ohne Plan in die Selbstständigkeit. Über Social Media stieß ich auf meine ersten Kunden und ich durfte meine ersten Tagesseminare halten. WOW - **endlich Trainer**. Jedoch merkte ich sehr schnell: verlasse dich nicht auf 1 oder 2 Kunden. Das geht schief. Und genau das las ich auch in meinen ersten Finanzberichten...

Dann ging es weiter, an jeder Ecke Flyer verteilen und Aufmerksamkeit erzeugen! Die ersten Coaching-Kunden meldeten sich per Telefon auf meine Werbung beim Bäcker und Toto-Lotto-Laden. Hier noch ein paar Kunden beim Gassi-Gehen gewonnen und schon kamen die ersten ordentlichen Aufträge und zufriedenen Kunden zusammen. Ich fing also an, die Probleme anderer Menschen zu lösen und **produzierte Mehrwert**.

Long Story short. Warum erzähle ich euch das überhaupt - ganz einfach: ich hatte in dieser Zeit überhaupt **keine Ahnung vom Verkaufen** und wie ich Dinge vermarkten soll. Klar habe ich das irgendwie im Studium gelernt, aber die Praxis sieht in der "Realität" immer etwas anders aus!

Wieder eine Lektion gelernt. Mir wurde sehr schnell bewusst: Mensch Andreas - du hast überhaupt keine Ahnung vom Verkauf und kein funktionierendes System! Was ist eigentlich dein **Angebot**? Wie sieht deine **Lösung** aus? Was ist der **Mehrwert** für deine Kunden? Was ich damals gemacht habe lässt sich in einem Wort zusammenfassen: Improvisation. Jedoch ist ein Business mehr als nur Improvisation. Ob du nun Selbstständig bist oder ein Unternehmer mit Angestellten. Du musst definitiv auf der einen Seite planen können und andererseits die Basics im Verkauf gemeistert haben. Und der strukturierte Verkaufsprozess war für mich damals eine dunkelgraue Zone und ein rotes Tuch, denn mein Mindset über den Verkauf war stark negativ geprägt... Aber wer wachsen will muss lernen und so suchte ich mir Online wie Offline Jobangebote heraus, versuchte die Produkte und Dienstleistungen anderer Menschen zu verkaufen und tastete mich langsam in die Welt des Verkaufens hinein. Im Jahr 2019 las ich ein interessantes Buch über einen "Azubi namens Kevin" der den B2B-Vertrieb rockt. Dieses Fachbuch, geschrieben von einem alten Hasen des Vertriebs, zeigte mir die strukturierte und faszinierende Welt des Verkaufens - die Kunst einen zahlenden Kunden für sich zu gewinnen. Ich konnte mir dadurch viele Fragen beantworten:

- [ ] Wer ist mein Kunde?
- [ ] Wie spreche ich meine Zielgruppe an?
- [ ] Was ist mein Angebot und welches Problem löse ich damit?
- [ ] Was sind die Vorteile bzw. die Nutzenargumente für meinen Kunden?
- [ ] Wie gehe ich effektiv mit Einwänden um?
- [ ] Wie kann ich Einwände geschickt vermeiden?
- [ ] Was sind Kaufsignale und warum kaufen Menschen überhaupt?
- [ ] Wie spreche ich mit Geschäftsführern und wie komme ich zu ihnen durch?
- [ ] Was kommt nach dem Abschluss?

Endlich erkannte ich die **Matrix des Verkaufs** und ich sah diese Welt mit anderen Augen. Mit dieser Erleuchtung konnte ich wie Neo im Film “Matrix” diese Welt nachweislich besser interpretieren. Ich war anfangs verblüfft und überwältigt zugleich. Mit diesen Erkenntnissen wurde ich schnell erfolgreicher und so machte ich in einem halben Jahr die ersten 6-stelligen Umsätze für meine Kunden. Ich machte anfangs also viele Fehler, lernte aber recht schnell dazu und kurbelte dadurch meinen Lernprozess extrem an. Zugegeben, ein es ist ein langer Lernprozess, aber jeder Schritt hat sich gelohnt. Und genau diesen steinigen Weg, will ich dir ebnen - denn aus meinen Fehler und Erfahrungen wirst du für dich und dein Business sehr viel mitnehmen. Los geht's!

1) Die NEUN Stufen im Verkaufsprozess

Was denkst du, welches Geheimrezept macht McDonalds erfolgreich? Verlassen wirklich die besten Burger die Ladentheke oder steckt eine völlig andere "Geheimzutat" dahinter? Was machen erfolgreiche Unternehmen wirklich aus? Worin liegen die Unterschiede zu Unternehmen, die weniger Erfolg haben? Die Geschichte zeigt eindeutige Gemeinsamkeiten: Hinter jedem Erfolg steckt ein bewährtes **System**. Und auch die goldene Möwe benutzt ein universell skalierbares System. Denn das Franchise-Unternehmen umfasst mittlerweile ca. 40.000 Niederlassungen in über 100 Ländern. Doch eigentlich ist McDonalds nur augenscheinlich eine Restaurantkette. Fun Fact: Es ist eines der mächtigsten Immobilien-Imperien der Welt. Jeder Erfolg hat ein **bewährtes System** und eben diese Struktur macht es dem goldenen M möglich, weltweit zu expandieren. Jeder Schritt ist haargenau erklärt, sodass ein Burger in Timbuktu genau gleich schmeckt wie in Ägypten oder Deutschland. **Erfolgreich mit System!** Und genau diese Strategie macht Dich auch im Verkauf erfolgreich. Mit einem erfolgreichen System bist du in Zukunft in der Lage, deinen Vertriebserfolg messbar zu verbessern. **Du verwandelst in Zukunft potentielle Interessenten in neugierige Neukunden um**. Diese Neugier nutzt du, um im Verkaufsgespräch den "Sack" zu zumachen. Erkenne **das System des erfolgreichen Verkäufers** und du verbesserst dich jeden Tag deine Fähigkeiten und natürlich deinen Umsatz!

1.1.) Stufe 1: Gewinner-Mindset

Ja zur Kaltakquise! Vielleicht ist es dir bereits aufgefallen, dass Verkäufer, Selbstständige oder Unternehmer ein wenig anders "ticken" als dein gewohntes Umfeld. Erfolgreiche Menschen erkennen bereits früh in ihrem Leben, dass die positive Betrachtungsweise einem positiven Denken voraus geht. Das führt in der logischen Konsequenz dazu, dass erfolgreiche Menschen, egal wie dunkel die Wolken über sie sind, mit einem unsterblichen **Optimismus** durchs Leben gleiten.

Das **Geheimrezept**: Menschen mit überdurchschnittlichen Erfolg bauen sich eine uneinnehmbare Festung aus positiver Energie auf. Für mich ist es einfach gesagt: das Gewinner-Mindset. Deswegen habe ich dir eine Art "Manifest" als Gedankenstütze für deine positiven formuliert. Diese Vereinbarung wird in Zukunft zu einer täglichen Gewohnheit und dein Leben positiv verändern.

Trainiere deine Gedanken und **konzentriere** dich auf dein **Gewinner-Mindset**. Damit sprengst du deine **negativen Fesseln** und lässt dich von **Rückschlägen** künftig nur kurzfristig aus der Fassung bringen. Falls du doch eines Tages tief am Boden liegst, dann schaffst du es mit dem **richtigen Mindset** deutlich schneller, wieder aufzustehen und weiterzumachen. Letztendlich gewinnst du dadurch wertvolle Lebenszeit.

Aufgabe - mit diesen gezielten Fragen baust du dir dein Gewinner-Mindset auf:

- ☐ **Lebensträume** - Welche großen Träume verfolgst du und was willst du alles in deinem Leben erreichen? Erstelle dir eine persönliche Löffelliste (Bucket-List) und schreibe ALLES auf, was du in deinem Leben noch erleben willst.
- ☐ **Motivation** - Warum willst du verkaufen? Welche Gründe leiten dich und warum willst du dein Business auf ein neues Level bringen?
- ☐ **Idealvorstellung** - Wie macht aus deiner Sicht einen Topp-Verkäufer aus? Woran erkennst du einen Gewinner schon aus der Ferne?

Dein Gewinner-Manifest

Gewinner **wissen genau** was sie wollen - denn sie erwarten es bereits.

Gewinner **vereinbaren sich mit sich selbst** - das bekommt eine sehr hohe Priorität.

Gewinner **bauen diese Gepflogenheit permanent aus** - das ist der ultimative Schlüssel.

Gewinner wissen, dass eine **besondere Anstrengung** den Platz 1 bedeuten kann. Deswegen geben Gewinner niemals auf.

Gewinner wissen, dass das **Gewinnen nicht das Ziel** ist - Gewinner setzen sich immer wieder neue Ziele.

Gewinner wissen, dass sie sich wieder **aufraffen** wenn sie am Boden sind. Gewinner springen immer wieder hoch.

Gewinner wissen, dass **harte Arbeit** den Erfolg bringt. Deswegen gehen Gewinner mit ihrer Zeit sehr sorgfältig um.

Es gibt **keine Geheimnisse** bei den Gewinnern. Das Geheimnis liegt rund um das Gewinnen.

Ein Gewinner **nimmt anders wahr**. Er weiß wie der **Kunde** lebt und was der Kunde will.

Ein Gewinner kennt seine "Ausrüstung" bis in Detail. Er weiß einfach alles!

Ein Gewinner weiß, WIE seine Interessenten und Kunden kaufen.

Ein Gewinner weiß, WIE Menschen auf Verkäufer reagieren.

Ein Gewinner weiß, WIE Menschen mit einer unfassbaren Fülle an Informationen umgehen.

Ein Gewinner weiß, WIE Menschen ihre Entscheidungen treffen.

Gewinner **verstehen** die Gedanken, das Verhalten und die Erwartungen seiner Gesprächspartner.

Gewinner kennen die **tiefgreifenden Fragen**, die Wünsche, Träume, Ängste, die Dringlichkeit und die Bedürfnisse der Kunden.

Gewinner leiten jedes **Kaufmotiv** ab.

Gewinner nehmen sich **Zeit** für das VERKAUFEN und wenden das Wissen über **Kommunikation** und Beeinflussung mit der zielorientierten Sprache an.

Ein Gewinner setzt sein **Verkaufswissen** ein und weiß, dass jede Verkaufssituation
anders ist.

Ein Gewinner weiß, dass es nicht nur um die Beherrschung eines Verkaufs-Systems geht sondern um die Entdeckung der wahren Kaufmotive.

Ein Gewinner ist sich bewusst, dass sein Kunde nie vergessen wird, mit welchen guten Gefühlen sie im Gespräch mit ihm hatten. Sie werden aber vergessen, was du gesagt oder getan hast.

Gewinner wissen, dass es in ihnen selbst BRENNEN muss, damit sie andere entzünden und begeistern. Ein Gewinner weiß, wofür er brennt und wie er andere entzündet.

Ein Gewinner ist ein geborener Verkäufer und kommt in die Umsetzung.

Dieses Manifest ist ein Versprechen an Dich selbst, deine fundamentale Einstellung zum Verkauf und deine glänzende Vision über deine gewinnbringende Zukunft.

1.2.) Stufe 2: Verkaufspsychologie

Menschen kaufen von Menschen. Deswegen muss ein Verkäufer nicht nur die Westentasche seiner Produkte kennen, sondern viel mehr die "Funktionsweise" eines Menschen verstehen.

Dazu ein Beispiel: Stell dir vor, es ist Sommer und die Hitze steht in den Straßen. Du hast Lust auf eine Abkühlung und was wäre besser als ein eiskaltes Eis? Nun stehst du in der Straße und hast zwei Eisdielen zur Auswahl. Da du fremd in der Stadt bist, kennst du keine davon.

Vor der einen Eisdiele ist eine lange Schlange. Du musst sicherlich 10 Minuten warten. Auf der anderen Straßenseite steht irgendwie niemand vor dem EIsladen. Natürlich stellst du dir die spannende Frage: für welche Eisdiele entscheidest du dich? In der Verkaufspsychologie gehen wir davon aus, dass die volle Eisdiele besser sein muss, ansonsten würden die Menschen die Wartezeit nicht in Kauf nehmen. Denn unser Gehirn gaukelt uns vor: Wenn wir eine Menschenmenge sehen, dann werden muss es dort etwas Begehrenswertes geben. Aus diesem Grund zieht es uns an die vollere Eisdiele, da wir dem **Prinzip des "sozialen Beweises"** verfolgen.

Die Welt der Verkaufspsychologie bringt viele Erkenntnisse zum Vorschein. Der eine Teil unserer Wahrnehmung und Wirkung läuft bewusst ab. Andere Prozesse laufen unterbewusst ab, so dass diese sich unserer **Aufmerksamkeit** entziehen. In diesem Buch gehe ich auf verschiedene verkaufspsychologische Mechanismen ein. Dieses Wissen wendest du dann in deiner **Verkaufsführung** an, damit du einerseits deinen Gegenüber besser verstehst und andererseits deine Gesprächspartner konsequenter lenkst.

1.3.) Stufe 3: Potential und Akquisition

Viele Verkäufer stehen vor dieser anspruchsvollen Herausforderung: Wie fülle ich kontinuierlich meinen Verkaufstrichter? Die meisten von ihnen übersehen wertvolles Potential und vergeuden damit auch wichtigen **Umsatz**. Doch was verstehen wir im Verkauf unter Potential? Eine gängige Definition lautet wie folgt: "Die Gesamtheit aller vorhandenen, verfügbaren Mittel, Möglichkeiten, Fähigkeiten und Energien." Ich bin felsenfest davon überzeugt, dass die meisten Menschen ihr Leben "leben" ohne dabei ihr volles schöpferisches Potential zu nutzen. Analog dazu schaffen es viele Verkäufer nicht, ihr eigenes Potential und das **Kundenpotential** zuverlässig zu schöpfen. In der Welt dort draußen findest du als Verkäufer und Mensch immer wieder neue gewinnbringende Chancen und neue Möglichkeiten. Jede **Bekanntschaft**, jeder Kontakt, einfach jede Begegnung besitzt grundlegend das Potential, eine nachhaltige und wertvolle **Erweiterung für dein Business** zu sein. Und dieses Mindset musst du tief und fest in dich und deine Denkweise einarbeiten. Denn damit schaffst du dir eine solide Grundlage, die **Chancen und Möglichkeiten** mit offenen Augen zu sehen und wirklich wahrzunehmen. Und an dieser Stelle füllen wir deinen Verkaufstrichter mit Informationen. Aus diesen Informationen leitest du **potentielle Interessenten** ab, die du dann mit erfolgreichen Strategien zu deinen Kunden umwandelst. Die Theorie ist klar soweit. Jetzt geht es darum, das Wissen in der Praxis zu realisieren. Freilich bin ich mir bewusst, dass es in der "Welt da draussen" nicht so einfach ist wie auf dem Blatt Papier. Deswegen ein kleiner Realitätscheck: auf dem "freien" Markt gibt es natürlich noch andere Anbieter und Mitbewerber. Diese Marktbegleiter machen dir die Realisation deiner Pläne natürlich nicht ganz so einfach. Betrachte das Leben als Verkäufer, Unternehmer oder Selbstständiger als potentielle **Herausforderung** dich auf ein neues Level zu bringen.

Beispiele:

- Auf Reisen lernst Du in der Bahn einen Unternehmer kennen. Er ist der Entscheider in seinem Unternehmen und dein Angebot passt genau in sein Interessensgebiet. Ihr tauscht eure Kontaktdaten, machst einen kleinen Teaser und konzentrierst dich später auf die Akquise.
- Du erstellst oder kaufst eine bestimmte **Unternehmensliste** für deine Branche. Kaufen? Selbstverständlich! Wenn du ein paar hundert Euros in die Hand nimmst, dann bekommst du zwei Vorteile
    - du sparst dir die **Zeit** für die Recherche
    - Deiner Akquise steht nun nichts mehr im Weg, du kannst **direkt loslegen** akquirieren und bereits die ersten Aufträge abschließen - Willkommen im Informationszeitalter.
- **Netzwerkveranstaltungen** eignen sich sehr gut dazu, direkt mit einem Angebot und Vertrag auf deine Neukunden zuzugehen.

1.4.) Stufe 4: Bedarfsanalyse

Wer, wie was, wieso, weshalb, warum - wer nicht fragt bleibt...ohne Neukunden. Fragen sind so essentiell wie die Luft zum atmen und führen dich in den Phasen des Verkaufsgesprächs näher an dein Ziel: der erfolgreiche Abschluss.

Fragen sind ein wichtiges **Führungsinstrument**. Sicherlich kennst du den Spruch: "Wer fragt, der führt." Du nimmst als Fragender das Heft in die Hand und lädst deinen Gegenüber dazu ein, sein Denken auf eine Antwort zu lenken. Der Clou dabei ist, die "richtigen" Fragen zu stellen, damit lenkst du nämlich nicht nur die Aufmerksamkeit in deine gewünschte Richtung, du bestimmst auch die Aussage der Antwort. Das klingt für dich verrückt? Herzlich willkommen in der Welt der Manipulation.

Dazu ein Beispiel:

"Herr Kunde / Frau Kundin, welche Qualitätsstandards erwarten Sie von einem Produkt / einer Dienstleistung, die Sie hier in Ihrem Unternehmen einsetzen?"

Die Antwort deines Kunden wird seine Erwartungen, Ansprüche und auch den Bedarf offen legen. Du lädst deine Kunden damit auf einen gegenseitigen Dialog ein, zeigst **Interesse** an SEINEN / IHREN **Bedürfnissen** und findest gleichzeitig wunderbare Anknüpfungspunkte für weitere Fragen und Gesprächsthemen.

Argumentieren statt verhandeln. Ein rhetorischer Kunstgriff besteht darin, gute Argumente zu finden, die deinen Gegenüber überzeugen. Deine Fragen eröffnen dir den Zugang zu wertvollen Informationen, mit denen du dann deine kundenspezifische Argumentation aufbaust. Die goldene Regel lautet: Argumentiere mit den Worten deiner Kunden. Verhandelst du oder stellst Behauptungen auf, dann machst du dich angreifbar und argumentierst in die falsche Richtung - also gegen deinen Kunden. Wahrscheinlich kennst du dieses Tauziehen und erkennst in der Vergangenheit ähnliche Situationen in denen du Deinen Kunden "Überreden" musst. Keiner hört dem anderen zu und der Verkäufer versucht dem Kunden das Produkt bzw. die Dienstleistung "irgendwie" zu verkaufen.

Doch an dieser Stelle ist das Kind bereits in den Brunnen gefallen und du schmeißt sogar noch Steine hinterher. In diesem Teil des Trainings lernst du, wie du geschickte Fragen stellst und erkennst, wie wichtig deine Position als Fragesteller im Verkauf ist. Mit diesen Techniken bist du jederzeit in der Lage, die grundlegenden Bedürfnisse deiner Kunden zu erkennen. Denn ein guter Zuhörer erkennt den Bedarf des Kunden und leitet diesen nicht von seinem Produkt oder seiner eigenen Meinung ab.

1.5.) Stufe 5: Nutzenargumentation

Hast du dich mal gefragt, warum Dein Kunde ausgerechnet bei Dir kaufen sollte? Welche Vorteile und welchen Nutzen hättest du selbst von deinem Angebot? Welchen Nutzen bringen deine Produkte oder deine Dienstleistung? Würdest Du dein Produkt ebenfalls kaufen? Und falls deine Antwort auf die letzte Frage "JA" lautet, dann herzlichen Glückwunsch. Ganz pragmatisch besteht jedes Produkt erstmal aus toter Materie - mehr nicht. Es sind vielmehr die Eigenschaften und deine Persönlichkeit, die das Produkt lebendig machen.

Wir Verkäufer unterscheiden uns generell von dem, was wir unseren Kunden anbieten. In den Märkten werden massenhaft Produkte und Dienstleistungen angeboten, aus denen der fast schon überforderte Kunde auswählen kann. Ein Überangebot aus dem der Kunde wählen muss. Wir als Verkäufer müssen die **Brücke bauen**, die es unseren Kunden ermöglicht, auf die andere Seite zu gelangen. Wir sind die Entscheidungshelfer und zum Teil auch Psychologen für unsere Kunden. Deswegen bist DU als Verkäufer das wichtigste Bindeglied, die Brücke und die führende Persönlichkeit im Verkaufsprozess.

Die meisten Verkäufer fokussieren sich nur auf die Produkteigenschaften und sehen nicht die Vorteile für den Käufer.

Die etwas besseren Verkäufer konzentrieren sich auf die möglichen Vorteile, die sich durch den Erwerb des Produkts oder Dienstleistung ergeben.

Topp 20-Verkäufer argumentieren mit dem Kundennutzen und erzeugen eine Kaufatmoshäre.

In diesem Buch lernst du die **werthaltige und nutzenorientierte Argumentation**. Damit bekommst du eine wichtige Strategie an die Hand, wie auch du zu den Topp 20%-Verkäufer aufsteigst. Im Verkaufsgespräch ist weniger oftmals mehr, denn je intensiver DU über DICH und DEIN Produkt sprichst, desto weniger gehst du auf die Bedürfnisse bzw. die Vorteile deines Kunden ein. Werthaltige und nuztzenorientierte Argumentationen erkennst du daran, dass sie messerscharf formuliert sind und klar messbare Ergebnisse aufzeigen. Wenn du diesen Teil deines Verkaufsprozesses optimiert und verinnerlicht hast, sparst du sehr viel **Zeit**, ersparst dir **Frustration** am Telefon und kommst aus der Kundensicht direkt auf den Punkt. Genau so beschreibst du deinem Kunden die möglichen Vorteile und erreichst deinen Gesprächspartner auf Ebene der **Kaufmotive**. Später dazu mehr in den Kapiteln "Verkaufspsychologie" und "Vorteil- und Nutzenargumentation"

1.6.) Stufe 6: Einwand-Strategie

Sicherlich ist dir die Verkäufersicht auf die vier Buchstaben N.-E.-I.-N. bekannt - Noch ein Impuls nötig. Das ist zwar schön und gut, aber wie erkennst du ob dich dein Kunde "testen" will. Woran erkennst du einen **Vorwand**, einen vorgeschobenen **Einwand** oder doch ein **Kaufsignal**? Worin liegen die Unterschiede und wie behandelst du Einwände erfolgreich in deine gewünschte Richtung - den erfolgreichen Abschluss? In der geheimen Liste "wie schüttel ich lästige Verkäufer ab" sind ca. ein Dutzend verschiedene Einwände, Vorwände oder "Ausreden" niedergeschrieben. Die einzige Aufgabe dieser prüfenden Sätze liegt darin, dir als Verkäufer, Selbstständiger und Unternehmer das Leben schwerer zu machen.

- ☐ "Wir sind bereits versorgt."
- ☐ "Wir haben kein Interesse an ihrem Angebot (auch wenn wir es gar nicht kennen) "
- ☐ "Sie sind zu teuer (im Vergleich wozu?)"
- ☐ "Schicken Sie uns vorab Unterlagen zu (info@tralala.de)!"
- ☐ "Rufen Sie in 3 bis 9 Monaten wieder an."

"Das muss ich noch mit meinem Boss / Partner besprechen (Ich darf keine eigenen Entscheidungen treffen oder muss mich rückversichern, weil ich unsicher bin.)"

Wenn du bereits im Verkauf unterwegs bist, dann sind diese Aussagen sicherlich nichts Neues für dich. Wahrscheinlich hast du bereits im Internet gegoogelt und mögliche Strategien zur Einwandbehandlung herausgesucht. Lösungen gibt es wie Sand am Meer und sie klingen auch vielversprechend und hilfreich. Doch musst du dich mental darauf einstellen, dass du jedesmal den Einwand individuell behandeln musst. Jeder Mensch ist von Grund auf anders. Deine Aufgabe ist es, den wahren Grund der Ablehnung (NEIN) zu erkennen und das entscheidende Kaufmotiv zu entschlüsseln. Aus meiner Erfahrung ziehe ich gerne die Analogie zwischen Verkaufsgespräch und einem Flirt mit einer attraktiven Frau. Eine Frau testet dich als Mann in 95% der Fälle, um zu erkennen ob du es

a) ernst genug meinst
b) ob du stark genug bist

An dieser Stelle möchte ich mich bedanken, denn auch diese Lebenserfahrung hat mich **stärker** und **hartnäckiger** gemacht. Und vor allem ist ein Glaubenssatz immer extrem wichtig: ES IST NICHTS GEGEN DICH PERSÖNLICH! Wie du siehst, alles im Leben ist eine Art Prüfung. Du nimmst die **Herausforderung** an. Denn jede Erfahrung mit einem Nein macht dich im Umgang mit Ablehnung stärker. Im Verkaufsprozess musst du eben lernen, die Dinge aus der Sicht deiner Kunden zu sehen, damit es zu einem erfolgreichen Abschluss kommt. Wir vertiefen diesen Teil in einem späteren Kapitel.

1.7.) Stufe 7: Der Abschluss - der Start einer neuen Geschäftsbeziehung

»Ich würde mich freuen, wenn Sie uns den Auftrag erteilen würden.« Was denkst du? Wird ein Verkäufer mit dieser Aussage den Abschluss bekommen? Okay, ein etwas krasses Beispiel und meine Nachfrage ist rhetorisch. Die sogenannten "Auftragsbettler" werden in dieser Welt niemals einen erfolgreichen Abschluss erzielen. Ganz ehrlich, klingt so ein zielgerichteter Verkäufer, der den Auftrag abschließen will und einen **Neukunden gewinnen will**? Das einzige was er oder sie damit gewinnt ist eine Runde Mitleid. Aber diese Höflichkeiten kannst du dir im Verkaufsprozess sparen. Du musst deinem Kunden vermitteln, dass du dich **selbstsicher und selbstbewusst** in Szene setzen kannst und damit ausdrücken willst: "Ja Herr Kunde, ich will mit Ihnen diesen Auftrag abschließen und Sie in einen begeisterten Kunden verwandeln."

An diesem Punkt muss ich dir aber noch eine weitere Frage zum Thema "Abschluss" stellen: Bist du der Meinung, dass der Abschluss der wichtigste Schritt im Verkaufsprozess ist? Ja? Leider muss ich dich an dieser Stelle enttäuschen. Dennoch sind sich Top-Verkäufer einverstanden, dass der Abschluss eine sehr hohe Priorität in deinem Verkaufsprozess einnimmt. Doch der König ist dein Kunde und die Zufriedenheit deines Kunden muss immer an oberster Stelle stehen. Denn den größten Fehler den du machen kannst ist es. dem Kunden das Gefühl zu geben, dass du nur auf den Abschluss aus bist. Gleiches gilt in Analogie bei der Sozialakquise, wenn du im Club deiner neuen Bekanntschaft suggerierst, dass es dir nur darum geht, dass er oder sie in ein paar Stunden auf dem Rücken liegt. Wir Menschen verfügen über sehr feinfühlige "Antennen", die in der Lage sind, solche Motive ans Tageslicht zu bringen. Deswegen mein Tipp an Dich: fang nicht an nur ans Geld zu denken und dich einen feuchten Dreck um deinen Kunden zu scheren. Besonders in der Kaltakquise ist der Abschluss erst der Anfang von einer erfolgreichen Geschäftsbeziehung. Dieses Mindset muss sich zweifellos tief in dir verankern. Ein weitere Grund der sich immer häufiger in den Vordergrund rückt sieht folgendermaßen aus: viele Verkäufer nehmen eine unterwürfige Stellung (devot) im Verkaufsgespräch ein, stehen also mit dem potentiellen Kunden nicht auf Augenhöhe. Wenn du einen Alpha-Typen vor dir sitzen hast, bist du eine bekömmliche Zwischenmahlzeit - und dann darfst du gehen. So machst du keine Abschlüsse sondern schießt Dich selbst ins Abseits. Außerdem vergessen sogar, nach dem Abschluss zu fragen. Der ehemalige Apple-Chef Steve Jobs (R.I.P.) bringt es auf den Punkt: Profi-Verkäufer fragen gezielt nach dem Ja. Du gehst bereits vor dem Gespräch davon aus, dass dein Interessent bei dir kaufen will. Das ist ein kleiner psychologischer Trick, der an deinen Mut appelliert, den Auftrag mit einer guten Portion Sicherheit und Selbstbewusstsein durchzuziehen. Und damit schließt sich der Kreis mit der deiner positiven Einstellung aus der ersten Stufe im Verkaufsprozess. In diesem Almanach lernst du die essentiellen Grundlagen, wie du als Sieger deinen Abschluss erzielst und vollkommen locker und entspannt die Abschlussfrage stellst.

1.8.) Stufe 8: Zusatzverkäufe

Herzlichen Glückwunsch! Du baust dir gerade deinen **ersten Kundenstamm** auf und verkaufst deine ersten Produkte und/ oder Dienstleistungen? Sehr gut. Doch mit dem Abschluss beendest du nicht den Verkaufsprozess. Jetzt wird es für dich und dein Unternehmen richtig spannend. Jedes Unternehmen bietet in der Regel mehrere Produkte bzw. Dienstleistungen an. Im Verkauf läuft es ähnlich wie in der Sozial-Akquise. Wenn das erste Date gut war, dann folgt meistens ein weiteres Treffen. Genauso läuft es im Vertrieb auch. Wenn du einen hervorragenden Service geleistet hast oder deine Produkte hochwertig sind, dann kommt in der Regel der Kunde zurück - und nicht die Ware! Wenn du bereits einen gewissen Kundenstamm aufgebaut hast, dann genießt du einen riesigen Vorteil: du hast bereits deren **Vertrauen gewonnen**. Du musst deinen Kunden grundlegend nicht mehr von dir und deinem Unternehmen überzeugen. Das ist im Akquiseprozess eines der schwierigsten Aufgaben. Denn ohne eigene Erfahrung oder bekannte Referenzen sind die meisten Entscheider kritisch, skeptisch und entsprechend ablehnend! Wenn du Bestandskunden aufgebaut hast, dann unterbreitest du deinen Kunden in regelmäßigen Abständen neue Angebote. Denn wenn deine Kunden positive Erfahrung mit dir gemacht hat, dann wird er oder sie sicherlich noch eine zweite und dritte Chance dazu nutzen - logisch, oder?

1.9.) Stufe 9: Referenzen und Empfehlungen

Verkaufen im 21. Jahrhundert hat sich insbesondere durch die bahnbrechende Technologie und die rasante Verbreitung des Internets gravierend verändert. Wir als Konsumenten haben die Möglichkeit 24/7 einzukaufen - da die Einkaufsläden im World Wide Web immer geöffnet sind. Einer der Gründe, warum die Menschheit vermehrt im E-Commerce-Bereich auf Plattformen wie Amazon oder Ebay shoppen - Tendenz steigend. Doch warum ist das so? Ganz einfach. Ich bitte dich, folgenden Selbstversuch durchzuführen: Wähle ein bestimmten Produkt bei Amazon und Co. aus und achte mal auf deine persönlichen Selektionskriterien. Wahrscheinlich selektiert du grundsätzlich Linie nach dem Preis, deiner Lieblingsmarke oder nach der **Bewertung**. Und jetzt die spannendste Frage: wo hast du im analogen Einkaufsladen die Möglichkeit, eine Rezension einzusehen? Amazon zum Beispiel bietet dir folgende Möglichkeiten (Stand 11.2021)

- ☐ Amazon präsentiert
- ☐ Preis (aufsteigend oder absteigend)
- ☐ Neu eingetroffen
- ☐ **Kundenbewertung**

Der letzte Punkt ist besonders wichtig, denn viele Menschen lassen sich vom Prinzip des sozialen Beweises überzeugen. Denn der Mensch ist von seiner Natur aus ein Nachahmer und schwimmt “in der Masse". Im Verkauf müssen wir dieses "Naturgesetz" unbedingt nutzen. Fordere deine Kunden auf, **Rezensionen und Bewertungen** auf Google oder sozialen Plattformen abzugeben. Denn auch hier gilt: Je mehr positive Bewertungen du hast, desto besser wird dein Produkt oder deine Dienstleistung von außen wahrgenommen. Geschulte Verkäufer machen sich dieses Prinzip zunutze. Denn letztendlich profitieren sie von dem automatisch erzeugten Vertrauen. Als guter Verkäufer weißt du: Vertrauen ist die Basis für einen Verkauf!

2.) Dein mentales Fundament - Was hinter dem Verkauf steckt.

2.1.) Verkaufen = Verkaufen.

Verkäufer haben viele Namen: ob eleganter Klinkenputzer, proaktiver Treppenterrier, Online-Marketer, routinierter Vertriebsmitarbeiter, Selbstständiger, Unternehmer, Arzt oder Rechtsanwalt. Was verbindet diese Berufsbezeichnungen? Alle Personen teilen sich einen gemeinsamen Nenner: sie sind **Verkäufer**. Ärzte verkaufen ihren Patienten wirkungsvolle Heilmittel oder notwendige Operationen. Selbstständige verkaufen ihre Dienstleistung oder Produkte. Sogar Lehrer verkaufen ihren Schülern, dass das aktuelle Bildungssysteme genau das Richtige sei. Egal welchen Beruf wir uns vorstellen, jeder Job hat Berührungspunkte mit dem Verkauf. Doch die meisten sind sich dessen nicht bewusst und würden diese **Aussage sogar ablehnen**. Warum? Weil das Mindset, also die tiefgreifende **Überzeugung** über Verkäufer ist in unserer Gesellschaft eher negativ.

Doch was machen wir als kleine Kinder? Wir "verkaufen" unseren Eltern einen Wunsch mit überzeugend großen Augen. Kleine Kinder lernen schnell, sehr überzeugend sein, warum gerade dieses Spielzeug unter dem Weihnachtsbaum liegen muss. Wenn wir als Kind bereits gut darin sind, können wir unsere Eltern recht leicht **manipulieren.** Das reicht in der Regel schon als Überzeugungsarbeit. Warum im Kindesalter aufhören, wenn wir im als "erwachsene" Menschen in der Wirtschaftswelt zufriedene Kunden generieren können? An dieser Stelle reicht es natürlich nicht, die Augen aufzureißen und darauf zu warten, dass wir unseren Gegenüber so überzeugen! Im Verkauf musst du andere Kniffe anwenden um erfolgreich zu verkaufen.

In diesem Verkaufslexikon erhältst du extrem mächtige Werkzeuge an die Hand. Eine Blaupause hergestellt aus vielen Jahren Vertriebserfahrung, furchtbaren Fehlern und wirkungsvollen Methoden. Damit wirst du in der Lage sein, deinen Verkaufstrichter zu füllen, neue Kunden mit mehr Leichtigkeit zu gewinnen und den **Sinn des Verkaufens** in Fleisch und Blut übergehen zu lassen...

Bist du bereit, dich für eine intensive Ebene des Verkaufens zu öffnen, Spaß daran zu haben, fremde Menschen anzurufen, diese erfolgreich in Kunden zu verwandeln und eine weitere positive Referenz für dein Unternehmen zu generieren? Dann darfst du dich in den nächsten Kapiteln auf sehr wertvollen Input freuen.

2.2.) Psychologie im Verkauf

Nichts bleibt so wie es ist. Ein unumstößliches Naturgesetz, das sich auf viele Lebensbereiche transferieren lässt - so wie eben auch auf die Verkaufswelt. Der Wandel ist eine natürliche Konstante - Stillstand ist gleichbedeutend mit dem Tod.

Die Welt befindet sich immer im Wandel und alles "passiert" gleichzeitig. In der Verkaufswelt des 21. Jahrhunderts müssen sich die Kunden durch ein Überangebot an Waren und Dienstleistungen kämpfen. Die Kunden sind in der Regel sehr gut "überinformiert", skeptisch und wählerisch. Genau deswegen nimmst du heute als Verkäufer eine neue Rolle ein: Du bist derjenige, der deinen Kunden bei der Entscheidung nutzenorientiert berät. Durch dich schaffen es deine Kunden, die richtige Entscheidung zu treffen. Kurz gesagt, du **brauchst den Zugang zu den Gedanken deiner Kunden**. An dieser Stelle kommt Verkaufspsychologie ins Spiel. Am Anfang musst du deinen potentiellen Kunden überzeugen, dass er dir vertraut. Diese Vertrauensbasis ist die Eintrittskarte zu den Gedanken, Wünschen und tiefen Bedürfnissen des Kunden. Menschen mögen freundliche, offene und kommunikative **Persönlichkeiten.** In Zukunft wird der verkäuferische Erfolg nicht von Fachkenntnissen geprägt, sondern durch die **verkaufspsychologischen Fähigkeiten** des Verkäufers bestimmt.

Ich denke, du kennst die aktuelle Situation auf dem Markt: Der Kunde erhält durch die Transparenz und die Angebotsvielfalt im Internet kontinuierlich mehr Macht. Kleine Nuancen entscheiden heute über deinen Erfolg oder über eine Absage.

Früher wurde sehr viel über den Preis entschieden, doch dieses Paradigma wechselt im 21 Jahrhundert zunehmend. Vielmehr gestaltet sich der Verkauf als detaillierter Prozess aus **Sicht deiner Kunden.** Welche **Bedürfnisse** haben sie? Welche **Wünsche** oder **Ängste** erkennst du bei deinen Kunden? Wie sieht es mit den bisherigen **Erfahrungen** deiner Kunden aus? Und warum sollten deine Kunde gerade mit dir darüber sprechen? Fragen, die du mit viel Geschick, guter **Menschenkenntnis** und der **Psychologie im Verkaufsprozess** beantwortest.

Fazit: Menschen sind zwar individuelle Wesen, aber jeder von uns besitzt ein Portfolio aus Befürchtungen, Neigungen, Ängsten, Wünschen, Erwartungen oder **Kaufmotiven**. Das Wissen um die Psychologie des Verkaufens unterstützt dich dabei, die Zusammenhänge zu verstehen und wirkungsvoll im Verkaufsprozess zu nutzen.

Menschen kaufen in der Regel nicht von Unternehmen - vielmehr entscheiden sie, WER ihnen etwas verkauft und **WIE** sie sich bei diesem Prozess **gefühlt** haben. **Emotionen** spielen im Verkauf eine wesentliche Rolle.
Dein erstes grundlegendes Learning: DU verkaufst weder ein Produkt noch eine Dienstleistung, du transportierst ein **positives Gefühl.** In deinen künftigen Verkaufsgesprächen erzeugst du eine angenehme und lebendige **Kaufatmosphäre** und machst dem Kunden bewusst, dass sie oder er im Mittelpunkt steht und nicht der Verkauf. Deswegen bekommt die Psychologie im Verkauf zunehmender Bedeutung. Denn du lernst, die Mechanismen im Kopf deiner Kunden zu verstehen. Du weißt, wie du **gezielt Entscheidungen** auslösen kannst. Das bedeutet im Klartext, du wirkst auf Denken und Handeln deiner Kunden ein. **Verkaufspsychologie ist Manipulation**, wir beeinflussen die Entscheidungsfindung unserer Kunden. Doch das Ziel dieser Manipulationstechnik ist die Schaffung einer Win-Win-Situation. Ein wichtiger Erfolgsfaktor und Überzeugung für Dich und Dein Unternehmen.

Fazit: Geschäfte werden heute und auch in Zukunft zwischenmenschlicher Natur sein. Digitalisierung hin oder her - und selbst dort finden verkaufspsychologische Methoden vermehrt ihren Einsatz um das Verkaufserlebnis in der Onlinewelt zu optimieren.

2.3.) Kaltakquise - Neukunden gewinnen

Willkommen in der **Königsdisziplin** des Vertriebs. Kaltakquise ist **für viele Verkäufer ein rotes Tuch.** Im unternehmerischen Volksmund heißt es, dass du bei einem bereits bestehenden Kunden eher einen Auftrag abschließt als bei einem firmenfremden Neukunden. Generell stimme ich dem auch zu. Was machst du jedoch, wenn deine **A, B und C-Kunden versorgt** sind und deine Produkte und/oder Dienstleistungen momentan nicht benötigen?

Als Verkäufer musst Du regelmäßig dafür sorgen, dass dein **Verkaufstrichter** gefüllt bleibt. Neulich war ich auf einem Netzwerk-Event und hörte ganz gespannt einem **Multimillionär** zu der uns folgende Metapher vor Augen führte. Stell dir einen Trichter vor. Du füllst diesen Trichter mit dem ersten Tropfen Honig. Nichts passiert. Dann der zweite Tropfen. Es verändert sich immer noch nichts und unten am Trichter siehst du keine Ergebnisse. Du wiederholst diesen Prozess solange, bis unten am Hals der erste Honig fließt.

Genau das geschieht auch, wenn du **aktiv und erfolgreich Akquise** betreibst. Und an dieser Stelle kommst du **Kaltakquise** nicht vorbei - für die meisten Verkäufer ein Sprung ins eiskalte Wasser. Als ich damals für ein **Fintech-Startup** den Kundenstamm aufgebaut habe vergingen natürlich viele Anrufe und Follow-Ups. Meine **Beharrlichkeit** und meine Fähigkeit für einen vertrauensvollen Aufbau einer

Geschäftsbeziehung sorgten für einige hervorragende **Neukunden**.
Denn hier kommt das **Gesetz der großen Zahlen** ins Spiel. Irgendwann kumulieren sich deine Schritte und du produzierst Ergebnisse!

Und das macht die Kaltakquise im Vertrieb zu einem **unverzichtbaren und notwendigen Prozess im Vertrieb**. Zwar gibt es mittlerweile alternative Wege, wie du Neukunden gewinnen kannst. Mit Blogs, Vlogs, über Social Media, oder dem klassischen Flyer kannst du einige Interessenten generieren. Jedoch bekommst du damit noch lange keine Kunden! Durchschnittlich benötigen Menschen **online ca. 7 bis 9 Kontaktanfragen** mit dem Anbieter, damit überhaupt ein **Kontakt** zustande kommt. In der Kaltakquise sind deine Chancen deutlich höher, direkt mit Entscheidern ins Gespräch zu kommen.

Und mal unter uns, wie viele Anfragen bekommst du durch diese Pull-Strategien? Bei der **Kaltakquise** musst du aus deiner **Komfortzone** schälen und in den "Jagdmodus" übergehen. Ähnlich wie bei der "Sozialakquise" in einer chilligen Bar oder in einem lauten Club. Du musst den **ersten Schritt machen**, eine vernünftige Ansprache finden, selbstbewusst auftreten und den direkten Kontakt aufbauen.

Psychologische Gründe: Angst vor der Kaltakquise

“Nein Danke, Kein Interesse, Brauchen wir nicht...” usw. Die **Floskeln der Ablehnung** sind zahlreich und führen zu Frustration und negativer Einstellung zur Kaltakquise. In der Psychologie sprechen wir von der **“Angst vor Ablehnung”**. Menschen besitzen das Grundbedürfnis zu gefallen, streben nach Anerkennung und Akzeptanz. Wir wollen tendenziell sympathisch wirken und unserem Gegenüber gefallen. Überhaupt den ersten Schritt zu wagen, eine fremde Person anzusprechen und ein interessantes Gespräch zu beginnen - für viele Menschen ein Alptraum. Auch in der sozialen Akquise haben viele Menschen große Angst davor, abgelehnt zu werden und das Gesicht dabei zu verlieren. Ich persönlich habe es mir in jungen Jahren zur Herausforderung gemacht, an einem Abend sehr viele Körbe zu kassieren. Eine sehr effektive Übung um das “Ego” zu sensibilisieren. Die psychologische Erkenntnis: Irgendwann nimmst du die Ablehnung nicht mehr persönlich. Und diese spannende Erfahrung war für mich ein Quantensprung der Selbsterkenntnis.

“Misserfolg als grundlegende Voraussetzung für den Erfolg.”

Was ich gemacht habe? Meine “Angst” überwunden und auf Konfrontationskurs gehen. Das macht dich frei von der vermeintlichen Angst und wirkt sich auch in der Kaltakquise positiv auf den Gesprächsverlauf aus. Die professionelle Kaltakquise ist im Unternehmensbetrieb, im Rahmen der Globalisierung und sich öffnenden Märkten ein fundamentaler

Bestandteil für den Erfolg. Deswegen ist es wichtig, deinen Kopf aus der Angstschleife zu nehmen und mit voller Überzeugung auf deine potentiellen Kunden zuzugehen. Denn am anderen Ende winkt dir der Abschluss und der Sprung ins nächste Level! Kaltakquise ist für mich ein **Spiel**, eine Herausforderung. Mein **Mindset als Gamer**: immer ein Level weiterzukommen und das Spiel zu besiegen. Die eiskalte Akquise am Telefon ist für mich eine spielerische Herausforderung, an den hartnäckigen Palastwache vorbeizukommen und das Gespräch mit den Entscheidern zu führen. Mein Ziel ist immer, DEN Abschluss zu machen und für beiden Seiten eine WIN-WIN-Situation zu schaffen.

Aufgabe - Stelle dich deinen Ängstens

Es ist keine Schwäche über seine Ängste zu sprechen. Vielmehr gehst du in die Offensive indem du deine Ängste aufschreibst und aktiv angehst. Welche Ängste tauchen bei dir auf, wenn du an Akquise und Neukundengewinnung geht?

2.4.) Gewinner Mindset - Verkaufen ist eine bedingungslose Entscheidung

Bist du Dir bewusst, was dein Handeln maßgeblich beeinflusst? Welchen radikalen Einfluss haben eingefleischte Grundannahmen (Überzeugungen, Mindset, Stereotypen) auf deine täglichen Handlungen bzw. “nicht Handlungen”? Bist du grundsätzlich positiv eingestellt oder siehst du eher die Risiken und Gefahren? Warum stelle ich dir eigentlich diese Fragen? Weil Verkaufspsychologie in deinem Kopf anfängt. Deine **Einstellung** sorgt für deine Handlungen und diese resultieren letztlich in **Ergebnisse**. Am Ende dieses intensiven Kapitels setzt du diesen positiven Weg erfolgreich in deinen Alltag um:

In anderen Worte: Wenn deine **positive Einstellung** (deine Wurzeln) tief und fest genug verankert sind, dann brauchst du den Wind (Palastwachen, Entscheider, Ablehnung etc.) nicht mehr zu fürchten und stehst im heftigsten Orkan selbstsicher. Damit bist du künftig unschlagbar im Verkaufsgespräch. Die Psychologie im Verkauf findet also nicht nur in der zwischenmenschlichen Beziehung, sondern auch in der Beziehung zu dir selbst und deiner Einstellung! Der Fokus liegt darin, dass du ein gesundes Selbstbewusstsein im Verkauf entwickelst und dadurch deine Wurzeln fest und tief in den Boden schlägst. Überzeuge DICH von DIR selbst! Alles eine Frage der inneren Haltung. In diesem Kapitel lernst du die Grundlagen des sogenannten "Growth Mindset" - eine innere Einstellung, die es dir aus deinem Selbst erlaubt, dich erfolgreich zu sehen. Bist du bereit, positiv über dich und deine Zukunft nachzudenken?

2.5.) Du bist was du denkst

Deine Gedanken “formen” Dich - Ja. Deine **tiefenpsychologischen Überzeugungen** sind das **Grundgerüst für dein Mindset**. Sie sind tief verankert und verwurzelt. Wenn Deine Eltern dich zum Beispiel für klein und schwach gehalten haben, dann übernimmst du quasi die Überzeugung deiner Eltern über dich selbst. Vereinfacht dargestellt werden deine Handlungen aus einer Verkettung von **Gefühlen, Gedanken und Glaubenssätzen** geprägt. Überzeugungen und Glaubenssätze sind die Gedankenstrukturen, die du bereits früh über Dich, dein Umfeld und deine Umwelt gesammelt und verinnerlicht hast. Zum Beispiel denken viele Menschen eher negativ über Verkäufer und entsprechend ist die Einstellung auch ablehnend. Was denkst du, warum es dutzende Synonyme für Verkäufer gibt: Key Account Manager, Vertriebler, Sales Manager, Broker, Händler etc. Eine kurze Geschichte aus meiner Kindheit: Immer wenn es an unserer Haustür klingelte, stürmten meine Eltern wie wild auf mich oder meinen Bruder. Sie warnen uns entweder vor Verkäufern oder den Zeugen Jehovas.

Entsprechend prägten sich beide Bilder stark negativ in mein fixiertes Mindset ein. Außerdem dachte ich aus dieser Prägung heraus sehr **negativ über Verkäufer** und verknüpfte negative Assoziationen zu den Themen Verkaufen, Verkäufer etc. Jetzt - knapp Fünfundzwanzig Jahre später hat sich das wenig geändert, ich bin aber trotzdem ein Verkäufer geworden - kleiner Spaß am Rande.

Zum Glück **veränderte** ich meine **Glaubenssätze** sehr stark in die **gewünschte positive Richtung**. Dieser Prozess kostet zwar einige Ressourcen, jedoch löst automatisch die mentalen Blockaden, die wiederum zu inneren **Konflikten**, **Widerständen** und **Selbstsabotage** führen. Auch mich verfolgten diese Glaubenssätze lange. Doch die Wahrheit ist - **Verkäufer schreiben die Bilanzen der Unternehmen**. Und genau deswegen werden die richtig guten Verkäufer am besten bezahlt, weil sie wichtigen Mehrwert in das Unternehmen bringen! Somit bewerte ich die Berufung als Verkäufer mit meinem dynamischen Mindset mittlerweilse vollkommen anders. Diese positive Emotion löst ein passendes positives Gefühl aus. Neurobiologisch werden entsprechende "**Glückshormone**" ausgesandt. Mein Körper, meine Haltung und meine Stimmung sind voller Klarheit und Positivität. Dieser Zustand verschafft mir einen positiven Zugang zur nächsten Stufe: Ich komme in die Umsetzung, ins Handeln und erziele dadurch wertvolle Ergebnisse.

Welche Gedanken oder Vorstellung gehen dir durch den Kopf, wenn du diese Felder anschaust. Mit dieser Aufgabe wird dir deine Einstellung und dein Weltbild darüber klar, wie du bewusst und unterbewusst auf beispielsweise Verkäufer oder Geld eingestellt bist.

Aufgabe Schreibe dir sämtliche Gedanken und Bilder zu folgenden Lebensbereichen auf:

A) Du selbst
B) Dein Umfeld
C) Die Gesellschaft
D) Das Bild des Verkäufers
E) Geld und Reichtum
F) Erfolgreiche Menschen

Durch deine Antworten erkennst du, welches Mindset du für den jeweiligen Bereich hast. Sei ehrlich zu dir selbst! Dadurch bekommst du eine wichtige Grundlage, deine Einstellung gleichzeitig zu hinterfragen und zu verändern!

2.6.) Konzentration auf Deine innere Einstellung

In der heutigen wahnsinnig schnelllebigen digitalen Informationswelt ist es für viele Menschen schwierig geworden, den Fokus zu halten. Wir werden regelrecht bombardiert: Medien, Werbung und Influencer fordern deine Aufmerksamkeit und das kostet dich deine Konzentration. Denn Aufmerksamkeit ist eine wichtige Währung geworden und deswegen hart umkämpft. WhatsApp, Facebook, Streaming oder irgendwelche Spiele saugen deine Zeit auf und lenken dich permanent von wichtigen Dingen ab. Das traurige Ergebnis: du bist unkonzentriert und nicht im Fluss. Hier noch einen Beitrag absetzen, da noch ein Like und schon bist du wieder im **Sog des Netzes**. Dein Fokus fängt an sich zu zerstreuen, wie die Samen einer Pusteblume im leichten Wind.Die Online-Welt bietet jede Sekunde etwas Neues. Alles passiert gleichzeitig und die Informationsflut nimmt die Form einer Daten-Tsunami an. Verstehe mich an dieser Stelle nicht falsch, ich liebe das Internet und bin froh, dass wir so gut vernetzt sind.

Es gibt natürlich auch noch andere, nicht-technische Ablenkungen. Andere Menschen in deinem Umfeld können ebenfalls deine Konzentration maßgeblich stören. Als Unternehmer, Selbstständiger oder Verkäufer ist es unfassbar wichtig, das positive Mindset aufrecht zu halten. Ein chinesisches Sprichwort teilt die zwei Ebenen der positiven und negativen inneren Einstellung sehr treffend auf:

Wenn du ein **Meister** darin bist, dich **auf die positiven Dinge** zu konzentrieren, so verwandelst du auch deine innere Einstellung zur Umwelt auf positive Weise. Dadurch verhinderst du, dass die Massenmedien, das Internet, dein Smartphone oder negative Menschen regelmäßig Brüche in deiner Konzentration erzeugen. Besonders am Anfang ist es wichtig, sich einerseits mit dem richtigen Umfeld zu umgeben. Zum einen brauchst du **Menschen, die ähnliche Ziele** haben wie du selbst. Egal ob du im Telefongespräch oder im Kundengespräch vor Ort bist, dein **Fokus** gilt dem **Kunden**! Insbesondere im Homeoffice oder im Büro lauern etliche Ablenkungen, die nur darauf warten, von dir genutzt zu werden. Und jetzt stell dir einmal vor, dein Kunde bemerkt, dass du nicht zuhörst. Was denkst du, wie er oder sie dann auf dich reagiert? Du kennst die Antwort. Das Vertrauen ist weg und der Kunde natürlich auch. Damit das nicht passiert, gebe ich dir in diesem Kapitel wichtige Tipps für deine Konzentration mit.

5 Effektive Tipps zur Steigerung und Stärkung deiner Konzentration

a) Notiere alle **Ablenkungen und Unterbrechungen**. Danach sortierst du diese Schritt für Schritt aus deinem Leben. Damit lernst du, deine Zeit mit Achtsamkeit zu behandeln und aktivierst dein Bewusstsein für eben solche Ablenkungen.

b) Übe die Fähigkeit der Konzentration. Dazu eignen sich insbesondere **Meditation**, Yoga, Lesen, ein Instrument lernen. Du lernst, dich mehr als 30 Minuten zu konzentrieren.

c) Verbanne schlechte **Angewohnheiten** aus deinem Leben: Ein großer Störfaktor für unsere Konzentration sind die negativen Gewohnheiten

d) **Aufschieberitis** ein Ende setzen: Wann ist der beste Zeitpunkt, die Dinge zu erledigen? JETZT!

e) **Motivation**: finde genügend Gründe dafür, warum du Dich auf deine innere Einstellung konzentrieren solltest. Welche Vorteile siehst du selbst, dich auf deine positive Einstellung zu fokussieren.

Wie du am besten Ablenkungen vermeidest

a) Digitaler Wahnsinn - wenn ich intensiv an einem Skript, Buch oder anderem Projekt arbeite, dann schalte ich alles ab. Kein Gesichtsbuch, Social Media oder andere Störquellen.

b) Handy auf lautlos und auf den Kopf drehen. Wie wichtig ist eine Whatsapp oder eine E-Mail? Jeder kurze Blick auf deinen digitalen Helfer lenkt dich ab - manchmal sogar für einige Minuten. Eine goldene Regel: Wenn du im Gespräch bist, dann ist das Ding weder auf dem Tisch, noch auf laut gestellt.

c) Ein aufgeräumter Schreibtisch. Wie viele Dinge liegen auf deinem Schreibtisch oder in deinem Büro? In deinen Arbeitsbereich gehören nur Dinge, die du auch für deine EPAs benötigst - alles andere fliegt von der Tischkante.

d) Ein ruhiger Ort für maximalen Fokus. Früher arbeitete ich in der Stadt. Viel Lärm und laute Nachbarn störten meinen Arbeitsfluss. Mittlerweile miete ich ein Büro in einer eher ländlichen Gegend. Hier ist es nicht nur ruhig, nein ich kann zur Entspannung einfach die Tür aufmachen und falle quasi in die grünen Weiten der Weinberge.

e) Musik für deinen Fokus. Besorge dir Kopfhörer und suche dir eine Playlist mit Songs, die nachweislich die Konzentration fördern.

2.7.) Deine innere Einstellung regelmäßig trainieren

Wie stark ist dein mentales Fundament? Wie oft trainierst du deine Fähigkeit, dich mental und geistig zu stärken? Als Unternehmer, Verkäufer oder Selbstständiger bist du mehr äußeren Einflüssen ausgesetzt und bist entsprechend "verstrahlter". Diese negative Strahlung macht dich mit der Zeit schwächer und kostet dich wertvolle Lebensenergie. Jedes "NEIN", jede zugeschlagene Tür und jegliche Ablehnungen wirken sich toxisch auf deinen innere EInstellung. Ähnlich wie ein Astronaut der monatelang im Weltraum kosmischer Strahlung ausgesetzt ist und sich regelmäßig von den äußeren Einflüssen durch ausgiebiges Training regenerieren muss. In der Verkaufswelt bist du dieser Außerirdische, trägst immer auffällige Anzüge und deine Umwelt behandelt dich manchmal wie ein "Alien". Dieses **Biofeedback** kostet dich langfristig gesehen sehr viele Ressourcen und mentale Kapazitäten. Um dem entgegen zu wirken, musst du dich regelmäßig ins mentale "Dojo" begeben und deine innere Einstellung trainieren. In dieser Lektion zeige ich dir wertvolle Tipps, mit denen du dich langfristig gegen die negative "Strahlung" schützt und ein kugelsicheres Mindset aufbaust. Dabei spielt die Regelmäßigkeit deines Trainings eine wertvolle Rolle. Warum ist diese "Arbeit" so wichtig. Ganz einfach: deine innere Haltung spiegelt sich IMMER in deiner äußeren Ausstrahlung wider.

Die Regeln deiner inneren Einstellung - die folgende Übung ist ganz bewusst in der ICH-Form geschrieben. Denn dadurch brennt sich dieses Mantra in dein Unterbewusstsein ein und DU sprichst DICH direkt an. Lass uns loslegen:

Ich bin **mutig**, nehme jeden Tag als neue Chance meine Kunden in zufriedene Menschen zu verwandeln. Wie sagte Martin Limbeck bereits: "Nicht gekauft hat er schon. Oder sie. Oder divers" (In Zeiten der Genderdiskussion). Was soll mir also passieren? Ein Nein habe ich schon vor dem ersten Anruf und es kann nur besser werden. Das sind die Worte eines Mutigen. Angst ist nur eine der vielen Ausreden, sich nicht aus der Komfortzone zu bewegen.

Ich verkaufe auf **Augenhöhe** und respektiere meine Kunden. Mein Erfolg hängt von meiner Durchsetzungsfähigkeit ab und meiner inneren Einstellung zu meinem Angebot. Mein Angebot ist genau das wert, zu dem ich es anbiete.

Meine **Beharrlichkeit** führt mich zum Ziel. Für jedes NEIN rückt ein JA näher. Ausdauer und Langatmigkeit führen mich zum Erfolg.

Ich liebe Menschen und suche den **Kontakt** zu neuen Menschen. Jeder Kontaktversuch trainiert meine innere Haltung zu mir, meinen Mitmenschen und zu meinen Kunden.

Ich verfolge meine **Ziele**. Ich setze mir regelmäßig neue Ziele. Das ist meine Herausforderung und ich nehme sie dankbar an. Ich wachse an meinen Zielen.

Verkaufen macht mir **Spaß** - Keine Diskussion.

Mein **Umfeld** formt mich - und meine Gedanken. Eine wichtige Trainingsdisziplin besteht darin, deine innere Einstellung mit anderen Gleichgesinnten regelmäßig zu trainieren. Und genau DAS ist deine tägliche Aufgabe: Umgib dich mit Menschen, die dir gut tun und für die Du ein Segen bist. Mache den Umgang mit positiven Menschen, Unternehmer, Verkäufer - kurzum Gleichgesinnten zu deiner täglichen Routine.

Aufgabe: Erarbeite dir eine persönliche Liste mit positiven Routinen und baue diese in deinen Alltag ein.

2.8.) Alles startet mit einem WARUM

Motivation - ein Wort mit dem sich große Hallen füllen lassen. Motivations-Gurus springen wild entbrannt durch die Halle und "motivieren" ihre Zuschauer wie ein wildes, hungriges Tier, das gerade eine leckere Beute erspäht und augenblicklich zur erbarmungslosen Jagd ansetzt. Aber was bedeutet es eigentlich, wenn Menschen sagen, dass sie "nicht motiviert sind"? Was ist überhaupt Motivation. Ein Motiv kennen die meisten aus irgendwelchen Krimis - das Motiv des Täters. Im Prinzip nichts anderes als der Grund des Handelns. In der Psychologie unterscheidet man grundlegend zwischen zwei **Motivationsebenen**: zum einen die intrinsische Motivation, also jene die wir selbst in uns erzeugen und der extrinsischen Motivation, also jene "Gründe" die von Außen kommen. **Extrinsische Motivationsfaktoren** funktionieren nur kurz bis mittelfristig. Dazu ein Beispiel: Angenommen, du bekommst eine Gehaltserhöhung oder eine höhere Verkaufsprovision. Es ist nur eine Frage der Zeit, bis du dich an diesen neuen Standard gewöhnt hast und wieder auf dem gleichen **Motivationslevel** bist. Menschen lassen sich grundlegend extrinsische motivieren (Zuckerbrot und Peitsche). Doch die wahre und nachhaltige Motivation wird aus dem inneren Feuer der Begeisterung genährt. Also jene Leidenschaft, die wir aus uns selbst heraus erzeugen.

Das **Geheimnis erfolgreicher Menschen** ist ihr enorm starkes "WARUM". Deine persönliche Sammlung an "WARUMS" sind die Zutaten für deine intrinsische Motivation. Diese Gründe geben dir die notwendige Kraft. Diese brauchst du, damit du langfristig genügend Momentum aufbaust, du deine Fähigkeiten verbesserst, deine Produkte mit Leidenschaft verkaufst und dich persönlich weiter entwickelst. Deine WARUM-Liste ist also der Kern, der dich innerlich antreibt und mit Energie versorgt. Je stärker dein Warum, desto besser sind entsprechend auch deine Ergebnisse. Dein Warum gibt dir die notwendigen Argumente, die dich jeden Morgen aus dem Bett bringen. Dein Warum gibt dir jeden Tag einen triftigen Grund, deine Kunden anzurufen, Geschäfte mit Ihnen zu machen, deren Einwände zu behandeln und den erfolgreichen Abschluss zu suchen. Dein Warum inspiriert andere Menschen! Und aus dem Warum heraus, entwickelt sich fast wie von selbst das WIE und das WAS. Denn wenn du dir im Klaren über dein Warum bist, dann weißt du ziemlich genau WAS zu machen ist. Und aus dieser Erkenntnis leitet sich sehr gut ab, WIE etwas zu tun ist.

Aufgabe - Finde dein Warum!
Schreibe dir mindestens 20 Gründe zu folgenden Punkten auf:

- ☐ Warum stehe ich jeden Morgen auf und mache Akquise?
- ☐ Warum bin ich gerne Verkäufer?
- ☐ Warum arbeite ich für dieses Unternehmen / bin selbstständig / bin Unternehmer?

2.9. Bonus) Bleib positiv

Nr. 1: Positives Denk-Ritual

Denke jeden Morgen mindestens **10 Minuten** lang positiv über Dich und Dein Leben nach. Visualisiere Deine **Erfolge**, besondere **Leistungen** und die **Herausforderungen,** die du bereits gemeistert hast. Zusätzlich legst Du Dir ein Erfolgstagebuch an und notierst dir sämtliche beruflichen und privaten Erfolge! In dieses Journal trägst du natürlich auch alle zukünftigen **Verkaufserfolge** ein. Damit programmierst du Dein Unterbewusstsein UND dein Bewusstsein auf deinen persönlichen Erfolgskurs.

Nr. 2: Definiere deine Ziele klar und deutlich

Es ist toll, Ziele im Kopf zu haben, doch in der täglichen Gedankenflut von knapp 80.000 Gedanken gehen wertvolle Ziele schnell im Sumpf verloren. Zur **Visualisierung deiner Ziele** kannst du verschiedene Tools nutzen. Schreibe deine Ziele regelmäßig auf. Dies ist die Grundlage für dein Handeln. Zusätzlich nimmst du in schriftlicher oder auch abstrakter Form. Du willst 100T im Jahr verdienen? Dann lege Dir ein Maßband mit 100cm an und schneide bei jedem 1T Umsatz einen Zentimeter ab. An dieser sichtbaren Skala erkennst du unverfälscht deinen aktuellen Erfolg für dieses Ziel. Freilich kannst du diese Methode auch für andere Ziele anwenden. Sei kreativ und probiere aus, was Dich am besten pusht.

Nr. 3: Trainiere dein Lösungsorientiertes Denken

Die meisten Menschen denken in schier unlösbaren Problemen. Problemdenker kannst du im Vorfeld an der negativen Sprache wahrnehmen. Deswegen kommen Menschen, die sich auf die negativen Aspekte konzentrieren nicht voran. Es ist wichtig, ein Problem zu erkennen und sich zu fragen: "Wie sieht eine mögliche Lösung dafür aus? An dieser Stelle fällt mir immer Albert Einstein ein. Er trifft mit seinem berühmten Zitat dabei den Lösungs-Nagel auf den Problem-Kopf:

Lerne aus deiner Vergangenheit, fokussiere dich auf die Lösung und setze die notwendigen Schritte um. Das magische Wort für diesen lösungsorientierten Prozess ist: TUN.

Nr. 4: Erst Denken, dann sprechen.

In meiner Zeit bei der Flugsicherung gab es einen guten Rat für eine flüssige und verständliche Kommunikation: Denken, Drücken, Sprechen. Die Devise: Kurz, knapp und unmissverständlich. Alles andere blockiert unnötig die Frequenz und kann an einem intensiven Verkehrstag wertvolle Zeit kosten. Die Essenz liegt auf der Hand: Überlege dir vorher, was du sagen willst. Die meisten Erfolgsmenschen wissen ganz genau, was sie in einem Gespräch erreichen wollen und welches **Gesprächsziel** sie verfolgen. Damit erzielen Sie positive Reaktionen und gewinnen den Gesprächspartner für sich. Das ist natürlich alles eine Sache der Übung und wir stehen alle als Lehrling vor der Frage: "Woher soll ich wissen was ich denke, bevor ich nicht höre was ich sage?"

Nr. 5 Entwickle jeden Tag deine Kompetenzen

Wieviel Zeit investierst du momentan in deine persönliche Weiterentwicklung? Wie viele Seiten liest du täglich? Im letzten Jahr habe ich über 60 Bücher übers **Verkaufen**,, **Psychologie** und **Zukunftsthemen** gelesen. Das ist sinnvoller Input für mich und mein Gehirn. Außerdem kann ich dieses Wissen wunderbar in meine Arbeit, meine Kundengespräche und ins Business einfließen lassen. Besonders auf Reisen höre ich **Podcasts** über Audible. Das ist aber noch nicht das Ende der Fahnenstange. Ich regelmäßig in Seminare, Trainings

und Coachings. Dadurch entwickle ich ein positives Mindset, dass Zeit und Geld exponentiell wieder zurückfließen. Deine Angewohnheit, dich jeden Tag weiterzubilden, wie beispielsweise ein Buch in die Hand zu nehmen gewährt dir einen extremen Vorsprung zum Rest der Gesellschaft.
Besuche regelmäßig Seminare oder Workshops und netzwerke mit Menschen, die sich mit denselben Interessen identifizieren.

Stell dir jede Fähigkeit wie einen Muskel vor. Wenn du dich in deinem Leben mit Sport und Fitness auseinandergesetzt hast, dann weißt du, dass sich ein Muskel langsam zurückbildet wenn er längere Zeit nicht benutzt wird. Mein Appell an dich: arbeite regelmäßig an deine Kompetenzen, die du für deine Tätigkeit als Verkäufer, Unternehmer oder Selbstständiger brauchst. Bevor du also Abends in die Lachfalte deiner Couch gleitest, entscheide Dich aktiv für den bequemen Lesesessel. Inhaliere mindestens eine Stunde in einem guten Fachbuch. Forschungen haben ergeben, dass Leseratten wesentlich besser einschlafen, weil sie ihr Gehirn besonders Abends noch mit verdaulichen Informationen füttern. Also anstatt deinen Fernseher einzuschalten, zu netflixen oder noch dämliche Videos bei Youtube zu schauen - bilde dich jeden Tag weiter und du merkst binnen kürzester Zeit die ersten positiven Resultate.

Nr. 6 Mensch-Ärgere-Dich-Nicht

Kennst du noch dieses uralte Würfelspiel? Nein - lass die Spielesammlung bitte im Schrank, es geht heute nicht um das Spiel, sondern den Umgang mit negativen Emotionen. Wenn du viel in der Welt unterwegs bist, dann kommst du regelmäßig in den Genuss von Menschen, deren alleinige Aufgabe darin besteht, DICH zur Weißglut zu bringen - im Ernst! Ein Wahnsinniger schneidet dich bei 180km/h auf der Autobahn, ein ekliger Kerl drängelt sich in der Bahn vor dich oder ein Gorilla schnarcht dir im Flugzeug die Ohren blutig - Jackpot voll mit WUT!

Manchmal hast du aber auch einfach nur Pech. Ein schwerer Unfall auf der Autobahn bedeutet leider auch immer einen Stau. Verspätungen im Bahn- und Flugverkehr stehen an der Tagesordnung. Und dann verpatzt du auch noch die Präsentation bei deinem Kunden. Immer mehr Ärger baut sich auf. Du weißt wie es ist, irgendwann ist das Fass einfach voll und du musst explodieren - Eskalation in allen Stufen! Doch damit du dich weiterhin auf dich und deinen Erfolg konzentrieren kannst, gebe ich dir die "STOPP-Technik" mit. Wenn dir beim nächsten mal wieder was richtig Dummes passiert dann sag dir innerlich: STOPP.

Tief und achtsam durchatmen und den aufkommenden Ärger einfach verpuffen lassen. Der Ärger staut sich nicht auf und du bewertest die Situation vollkommen anders - oder gar nicht mehr. Und mal so unter uns: es bringt auch überhaupt

NULL, Niente, Nada, sich über das was passiert ist aufzuregen - außer einen hohen Blutdruck und einen Schritt näher zum Herzinfarkt. Also achte bei der nächsten Gelegenheit darauf, deinen Ärgern nicht zu schlucken sonder einfach zu STOPPEN! Dadurch förderst du langfristig dein positives Denken, Ärger verwandelst du in Achtsamkeit und Gelassenheit und dadurch wirst du automatisch ruhiger, besonnener und entspannter. Ein Geheimrezept erfolgreicher Verkäufer.

Nr. 7 Eigenverantwortung übernehmen

Das Problem vieler Menschen liegt einfach darin, dass sie ihre Umwelt für die Dinge und Geschehnisse verantwortlich machen. Aus der psychologischen Perspektive sprechen wir von Menschen, die sich so paradox es auch klingen mag, in ihrer Opferrolle bereits häuslich gemacht haben. Was auch "schief" läuft und "schlechtes" passiert, diese Menschen sehen das Leben immer gegen sich. Und da wir Verkäufer auch "nur" Menschen sind und mit Wasser kochen, sind wir natürlich auch von äußeren Umständen betroffen. Oder wen machst du dafür verantwortlich, wenn dein Kunde nicht kauft? Ist das schlechte Wetter schuld oder etwa der dichte Straßenverkehr? Die blöden Nachbarn, die gestern zu laut gefeiert haben (und warum Du nicht eingeladen wurdest)? Doch bevor du mit deinem Finger auf andere zeigst, blicke erstmal selbst in den Spiegel. Nein es sind nicht die anderen. Sie tun nur das was sie tun müssen. Du musst die Verantwortung übernehmen muss. Dort findest zu 99% die wahren Gründe, warum dein Verkaufsversuch nicht gefruchtet hat. Der nächste Schritt lautet also **Selbstreflektion** und das Ergebnis ist die Antwort darauf, was du beim nächsten Mal besser machen kannst. Das Problem in unserer Gesellschaft ist doch folgendes: wir sind schon fast zwanghaft konditioniert, die Schuld auf andere zu schieben. Eigenverantwortung übernehmen bedeutet auch, sich selbst ständig zu Hinterfragen. Freilich machen wir im Leben nicht alles richtig, aber du musst lernen, für sämtliche **Handlungen die volle Verantwortung** zu übernehmen.

Eigenverantwortung im Leben und auch im Verkaufsprozess übernehmen bedeutet, selbst nach Lösungen zu suchen. DU übernimmst die Macht für dich und deinen Erfolg. Freilich ist es einfacher, die Schuld auf andere zu schieben. Ab heute ist Schluss damit. Du bist anders - DU übernimmst in Zukunft die volle Eigenverantwortung. DU bist dafür verantwortlich, ob du pünktlich zu deinen Terminen erscheinst. Du bist für deine Abschlüsse verantwortlich. Du bist dafür verantwortlich, dass deine Kunden zufrieden sind. Du bist für die Füllanzeige deines Kontos zuständig. Keine Diskussion! Die Fünf "goldenen" Benefits der Eigenverantwortung - Entscheide dich für ein selbstbestimmtes Leben

- ☐ Dein **Fokus** liegt auf Dir selbst, deinen Handlungen, Absichten und die daraus folgenden Ergebnisse
- ☐ Du nimmst deine **Gesundheit**, dein **Wohlbefinden** und deinen Erfolg in deine Hände - dort sind sie am besten aufgehoben
- ☐ Eigenverantwortliches Handeln und Denken stärkt deine **Freiheit, Selbstwert** und **Unabhängigkeit**
- ☐ Wenn du Dich um dich selbst kümmerst und Verantwortung übernimmst, dann macht das dein Leben langfristig besser und du gewinnst **Selbstzufriedenheit** und **Glück**
- ☐ Deine **positive Einstellung** zu dir Selbst steigt - Verantwortung braucht MUT und das strahlst du letztendlich nach außen.

3.) Grundlagen der Psychologie im B2B Vertrieb

Die uns bekannte Welt verändert sich - im Sekundentakt. Das ist soweit nichts Neues für dich. Insbesondere auf der technischen Ebene erreichen uns sogenannte Innovationen am laufenden Band - im wahrsten Sinne des Wortes. Gefühlt kannst du jeden Monat ein neues Iphone kaufen - mal sind die Ecken rund, dann mal wieder eckig. Die Kunden haben die Qual der Wahl entscheiden.

Deswegen müssen wir uns im Verkauf weniger auf die technischen Dinge konzentrieren. Der Fokus als Verkäufer, ob B2B oder B2C, muss der Kunde sein. Und was ist der Kunde? Richtig! Ein Mensch aus Fleisch und Blut. Darüber hinaus stecken in dieser Person auch noch tiefe **Gefühle**, unsichtbare **Erlebnisse,** gesellschaftliche oder religiöse **Werte** und eine erlebte **Vergangenheit**. Das paradoxe an unserer Gesellschaft ist aber: die meisten Menschen wissen wie sie ihre digitalen Gadgets benutzen und sich über das Internet mit der ganzen Welt verbinden können. Die wenigsten davon wissen jedoch, wie sie sich mit dem Menschen der gegenüber sitzt "verbinden" können. Und insbesondere im Verkauf geht es darum, eine **Verbindung** mit dem potentiellen Kunden und Geschäftspartner aufzubauen.

Ein Erfolgsrezept im Verkauf besteht also darin, den Menschen auf **psychologischer Ebene** zu verstehen.

In diesem Kapitel befassen wir uns also weniger um die manipulativen Techniken der Verkaufspsychologie. Vielmehr beschäftigen wir uns damit, den Menschen als ganzheitliches System zu verstehen.

Vier Gründe, warum du in Zukunft umsatzsteigernde verkaufspsychologische Maßnahmen in deinem Vertriebssystem einbinden solltest:

- ☐ Du baust schneller **Sympathie** auf und gewinnst dadurch das Vertrauen deiner Kunden und Gesprächspartner
- ☐ Dein Mindset richtet sich auf den **Menschen als Kunden** und nicht als Kennzahl - diese Wertschätzung wirkt sich positiv auf deinen Verkaufserfolg
- ☐ Menschen kaufen von Persönlichkeiten: nutze diesen Faktor für deinen Erfolg im Vertrieb
- ☐ Das **Wissen über den Menschen** öffnet dir neue Türen und Tore. Damit erhältst du Zugang zu deinen Kunden und damit vergrößert sich dein Potential

3.1) Erfolgspyramide im Verkauf

Da wir Menschen in der heutige Welt stark visuell geprägt sind, verschaffen wir uns beim Lernen einen starken Zugang durch eine bildhafte Sprache. Deswegen nutze Trainer und Coaches geometrische Formen wie z.B. Pyramiden. An der Spitze steht deine Einstellung oder auch Mindset. Der mittlere Teil wird durch deinen Unternehmergeist ausgedrückt. Das Fundament für alle guten Verkäufer sind die klaren Strategien und Methoden. Damit bildest du eine solide Grundlage für deinen langfristigen Erfolg.

Spitze: Einstellung & Mindset

Deine Einstellung bestimmt dein **Verhalten auf innere und äußere Zustände**. In vielen Seminaren und Workshops wird auch von "Mindset" gesprochen. Deswegen ist es im Verkauf enorm wichtig, wie deine **Einstellung** zum Verkauf, zum Kunden und zu dir selbst ist. Auf der psychologischen Ebene will ich mit dir eine positive Einstellung aufbauen, so dass du **positiv über den Verkauf** bekommst. Denn diese Einstellung führt langfristig dazu, dass du **das liebst, was du tust**! Arbeite also jeden Tag an deiner inneren Haltung. Denn der größte Faktor, der über Erfolg oder Misserfolg bestimmt, sitzt in uns selbst. Deswegen ist die "Attitude" beim Verkaufen ein wichtiger Erfolgsfaktor.

Mittelteil: Machen & Umsetzen

Dein Verhalten ist gekoppelt an deine **Wünsche, Träume und Bedürfnisse**. Jedoch passen Menschen ihr Verhalten auch an **Ängsten** oder der aktuellen **Komfortzone** an. Insbesondere die eiskalte **Telefonakquise** ist für viele Verkäufer ein scharlachrotes Tuch. Warum? Weil Menschen grundsätzlich Situationen vermeiden, in denen sie ein **negatives Gefühl wie Ablehnung oder Zurückweisung** erfahren. Wie können wir das eigene Verhalten positiv beeinflussen? Zum einen ist es wichtig zu wissen, WARUM wir im Verkauf sein wollen. Warum brennst du für das was du tust? Warum ist es für dich wichtig, deine Kunden von dir und deinem Produkt zu überzeugen? Welche Verpflichtung gehst du ein? Was ist mit deiner Familie? Welche materiellen Wünsche hast du? Auf welcher Grundlage baust du deine Motivation auf? All diese Faktoren begünstigen dein Verhalten und führen zu einem der wichtigsten Faktoren im Verkauf: UMSETZEN. Denn umsetzen schafft UMSATZ.

Fundament: Strategien & Techniken

Verkaufen ist wie ein Handwerk: du musst deine Werkzeugkiste mit verschiedenen Techniken und Methoden füllen, damit du erfolgreich einen Kunden zum Abschluss führst. Soft Skills, Verkaufsrhetorik, **Abschlusstechniken**, **Einwandbehandlung** oder sinnvolle **Upsell-Strategien**. Deine täglichen Werkzeuge sind die notwendigen Grundlagen für einen erfolgreichen Abschluss.

Mit diesen drei Ebenen hast du einen **wirkungsvollen Einfluss** auf deinen **Verkaufserfolg**. Eine perfekte Mischung aus der richtigen **Einstellung**, einer substanz haltigen **Motivation** und den wirkungsvollen **Verkaufstechniken** wirkend mit einer hohen Überzeugungskraft auf deinen Kunden.

3.2.) Die großen Fünf für den ersten Eindruck

Ich gehe stark davon aus, dass du Sprüche wie "Es gibt keine zweite Chance für den ersten Eindruck" bereits gehört und verstanden hast. In unserer Gesellschaft sind die ersten Sekunden sehr entscheidend, denn wir bewerten unsere Umwelt in Sekundenbruchteilen und diese Informationen speichern sich wie ein Abbild auf unserer Festplatte. Das menschliche Gehirn ist darauf programmiert, innerhalb von wenigen millionstel-Sekunden einen potentiellen Freund von einem gefährlichen Feind zu unterscheiden. In unserer Gesellschaft prägen ein gepflegtes Erscheinungsbild, passende Kleidung, freundliches Aussehen, etc. den ersten Eindruck.

Nr. 1) Dein Lächeln - der einfachste Ausdruck der Sympathie

Dieses alte japanische Sprichwort drückt die Wichtigkeit eines Lächelns in aus meiner Sicht sehr zutreffend aus. Ein freundliches und authentisches Lächeln triggert die **Spiegelneuronen** deines Gegenübers an. Wie mit magischer Hand verwandelt sich (fast) jede finstere Miene zu einem freundlichen Lächeln. Doch so viel Magie steckt gar nicht dahinter. Bei einem freundlichen und authentischen Lächel zeigst du einerseits deine Offenheit und lässt dein Pokerface fallen. Außerdem signalisiert dein Lächeln deinem Geschäftspartner eine positive Grundstimmung - und die lockert die ganze Situation auf. Ob am Telefon oder im persönlichen Kontakt: ein ist freundliches Lächeln wichtig. Ein Lächeln setzt Endorphine frei und macht dich dadurch glücklich, gut gelaunt und ist ansteckend! Ein kleiner Tipp: steck dir einen Stift zwischen die Zähne und grinse für mindestens eine Minute. Das lockert deine Gesichtsmuskulatur und setzt den Glückshormone frei. Ob in der Kaltakquise am Telefon oder auch vor einem Geschäftstermin. Nutze diese Übungen um deine Einstellung und deine Ausstrahlung noch positiver nach Außen zur Geltung zu bringen. Kein Spaß - das funktioniert wirklich!

Nr. 2) Freundlichkeit als solide Basis

Vor einiger Zeit habe ich mich mit Sprichwörtern aus aller Welt beschäftigt. Aus dieser Recherche lernte ich sehr viel und ein arabisches Sprichwort ist besonders prägnant im Gedächtnis geblieben:

“Ein freundliches Gesicht ist besser als Kisten voller Gold.”

Deine herzliche Freundlichkeit besticht immer und ermöglicht Dir eine wertvolle Schnittstelle mit deinen Kunden. Du öffnest mit einem freundlichen Gesicht, einem authentischen Lächeln und einer höflichen Art viele Tore und Türen. Denn Menschen mögen sympathisch aussehende Personen und assoziieren unterbewusst entsprechend positive Merkmale bezüglich der Person - in der Wissenschaft als “Halo-Effekt” bekannt.

Du löst mit deiner Freundlichkeit ein positives Gefühl in deinem Gegenüber aus. Dein Kunde assoziiert also eine positive Emotion mit dir und deiner Persönlichkeit Dein kundenfreundliches Verhalten wird dich in deiner beruflichen Karriere als Verkäufer, Unternehmer oder Selbstständiger definitiv weiterbringen. Bitte nicht falsch verstehen, du musst nicht “everybody's darling” sein und deinem Kunden auf der Toilette den Hintern abwischen. Nein, vielmehr geht es darum, deinen Gesprächspartner mit **Respekt und auf Augenhöhe** zu begegnen.

Checkliste für ein freundliches Mindset:

- ☐ Freue dich über jeden Kunden
- ☐ Blickkontakt und Aufmerksamkeit
- ☐ Höflich bleiben
- ☐ Fragen stellen und Interesse zeigen
- ☐ aktiv zuhören
- ☐ ehrliche Komplimente machen (nicht zu dick auftragen)
- ☐ Zuvorkommendes Verhalten
- ☐ Widerspreche nur wenn es Sinn macht
- ☐ Danke und Bitte - zwei magische Worte

Diese Kurztipps versorgen deinen Kunden mit positiver Energie und ein gutes Gefühl mit dir wird fest in die Erinnerung verankert. Beim nächsten Aufeinandertreffen werden genau diese Emotionen mit DIR verknüpft und dein Kunde ist positiv eingestellt. Damit schaffst du bereits von Anfang an eine solide Basis zwischen Dir und deinem Kunden.

Nr. 3) Konzentration auf das Wesentliche

Wie oft trainierst du deine mentale Fähigkeit, dich auf eine bestimmte Aufgabe zu fokussieren und erst damit aufzuhören, wenn du dein Ziel erreicht hast?
Als Verkäufer, Networker oder Selbstständiger musst du dich auf das Wesentliche konzentrieren. Denn jede Ablenkung bedeutet auch, dass du weniger Umsatz machst.

Deine Konzentration zu verbessern

Viele Wege führen nach Rom und du kannst dich und dein Konzentrationsniveau auf verschiedene Arten auf ein neues Level bringen. Natürlich musst du auch Zeit investieren, damit du deinen Fokus trainierst und kontinuierlich auf ein neues Level bringst. Hier sind meine Top 5 zur **Steigerung meiner Konzentration**:

1) gesunde Nahrung und eine ausreichende Abdeckung an Vitaminen
2) Powernaps oder Kurzschlaf (10 bis 15 Minuten)
3) Entspannungstechniken (Yoga, Meditation, Achtsamkeitstraining, Atemtraining)
4) Ausdauersport (Joggen, Radfahren)
5) Frische Luft, UV-Strahlung und Bewegung

Wenn du täglich einen dieser Punkte in deine Arbeitsroutine einbringst, dann steigerst du effektiv und nachhaltig deine **Konzentrationsfähigkeit**.
Mit diesen Techniken aktivierst du dein Aufmerksamkeitsniveau und bringst dein **vegetatives**

Nervensystem ins Gleichgewicht. Je ruhiger du bist, desto konzentrierter arbeitest du. Logisch oder?

Zeitfresser vermeiden

1) Weniger ist mehr - halte deinen Schreibtisch sauber und betreibe **"Clean Desk".** Alles was nicht auf deinen Arbeitsplatz gehört muss weg.
2) **Stille** ist ein edler Begleiter - reduziere alle Geräusche in deiner Umgebung. Alternativ setzt du Dir Kopfhörer auf und legst **Konzentrationsmusik** ein.
3) Vermeide **Chaos und Unordnung.** Wer sucht der flucht und verschwendet gleichzeitig wertvolle Zeit.
4) **Smartphone, Laptop oder Tablet**. Stelle deine Geräte auf lautlos oder traue dich, das Ding auch mal Offline zu stellen.
5) **Social Media**. Mittlerweile gibt es über 60 gängige Social Media Plattformen. Hier noch ein Post, dort noch ein Video und schon bist sind wieder 2 Stunden im Sumpf versunken.

Nr. 4) Begeisterung im Herzen

Bringe erst dich selbst zum Brennen und dann deinen Kunden. Wenn du deinem Kunden nicht von Dir und deinem Angebot überzeugen kannst, wer soll es deiner Meinung nach dann machen? Ein begeisterter Verkäufer zieht seinen Kunden in seinen Bann - wie eine unsichtbare Macht und deutlich spürbar. Das ist die wahre Kunst des Verkaufens. Entfache dieses Feuer zuerst in dir und dann in deinem Kunden.

Du musst eine leidenschaftliche Begeisterung für dein Angebot und dein Unternehmen versprühen. Dein Gegenüber kauft dir zuerst Deine Begeisterung ab und dann erst das Produkt. Aber wenn sich deine Begeisterung so anfühlt, wie ein toter Fisch in der Hand, dann kann dein Gegenüber sehr leicht auf das was da folgt schließen. Oder wie würde es dir an dieser Stelle gehen?

Jetzt zeige ich DIr ein paar einfache Wege, mit denen du deine Überzeugung authentisch transportieren kannst:

- ☐ Lerne dein Produkt kennen und erkenne alle Vorzüge für deinen KUNDEN.
- ☐ Liebe die Vorzüge deines Produkts
- ☐ Erkenne die Potentiale, die dein Produkt noch auslösen könnte
- ☐ Begeisterung als positives Gefühl weitergeben
- ☐ Nutze deine Stimme - Du musst auch begeistert klingen!

Unterm Strich machst du automatisch mehr Umsatz wenn du Deinen Kunden mit deiner Begeisterung abholst. Du wirkst einfach motiviert und baust gleichzeitig eine emotionale Vertrauensbasis auf.

Nr. 5) Vertrauen - Grundbasis im Verkauf 4.0

Auf dem weltweiten Marktplatz, offline wie online, wird leider viel Unfug betrieben. Anhauen, umhauen, abhauen - Hardselling und groteske Manipulation gehen zu Lasten vertrauenswürdiger Verkäufer. Die negative Konsequenz: Kunden werden skeptischer gegenüber Verkäufern und Unternehmen. Selbst die Medien laben sich regelmäßig an negativen Storys über unseriöse Verkäufer. Diesen Malus an Vertrauen müssen wir Verkäufer uns leider sehr hart erarbeiten. Doch lass dich jetzt nicht entmutigen, sondern sehe vielmehr eine wertvolle Chance. Wenn du die Regeln eines vertrauensvollen Umgangs verfolgst, dann öffnen sich dir die Türen deiner Kunden. Vertrauen aufzubauen ist ein extrem wichtiger Faktor. Nur wenn dein Kunde subjektiv davon überzeugt ist, dass du vertrauenswürdig bist, dann baut ihr ein solides Fundament für gemeinsame Geschäfte auf.

Praxistipps: Fünf einfache Grundregeln für einen vertrauensvollen Verkaufserfolg:

- ☐ **Aktives Zuhören**: Lasse dich auf deinen Gesprächspartner ein und höre richtig hin und verstehe die Gedanken und Aussagen deines Gegenübers
- ☐ **Augenkontakt**: Wer nichts zu verbergen hat, der schaut seinen Mitmenschen in die Augen. Menschen die hingegen Angst oder Schwäche zeigen, weichen sehr häufig den Blicken der Anderen aus.

- ☐ **Lächeln**: Nichts baut mehr Vertrauen auf als ein offenen, herzliches und ehrliches Gesicht. Lächle nicht nur mit dem Mund, lade deine Augen dazu ein, dein echtes Lachen zu verstärken. Die Wissenschaft zeigt, dass herzlich lachende Menschen immer durch die Augen mitlachen. Mit dieser Erkenntnis schaust du dir mal bitte Social Media Zahnpasta-Lächel Selfies an.
- ☐ **Ehrlichkeit**: Wie reagierst du, wenn dein Kunde eine Frage in den Raum wirft, die du nicht beantworten kannst? Redest du um den heißen Brei herum? Sind wir doch mal ehrlich: der Kunde ist doch nicht blöd und durchschaut unser Spielchen sofort. Du zerstörst das Vertrauen zu deinen Kunden indem du lügst. Stattdessen gestehe dir Fehler ein und zeige die Stärke und das Selbstvertrauen, deinem Gesprächspartner dies mitteilen zu können. Mit dieser Einstellung bist du in der Lage dein Gesicht zu wahren anstatt es zu verlieren. Dein Kunde wird es dir danken.
- ☐ **Zuverlässigkeit**: Ein Mann ein Wort - eine Frau ein Wort. Wendest du diese Strategie an, dann signalisiert du deinem Geschäftspartner, dass du beständig bist und Verlass auf dich ist. In der Geschäftswelt ist dieser Wert mehr als wichtig. Denn in Zeiten von Social Media und "Übervernetzung" wird dein Ruf als "Shitstorm" dir schneller vorauseilen als dir lieb ist. Und eine digitale Lawine die einmal losgetreten ist,

3.3.) Wahrnehmung und Wirkung

Jeder Mensch ist anders und individuell. Jein. In vielen Menschen steckt das unstillbare Bedürfnis etwas besonderes und einzigartiges zu sein. Die Funktionsweise der Menschen ist sehr ähnlich - sogar zwischen den beiden Geschlechtern Mann und Frau. Es sind lediglich die unterschiedlichen Geschlechterrollen die uns diese Unterscheidung vor Augen führt.

Es gibt 4 Grundsätze in der Psychologie der Wahrnehmung und Wirkung

1) Wir wirken immer
2) Wir nehmen immer wahr
3) Eine Kleinigkeit kann über den Erfolg oder Misserfolg entscheiden
4) Wir können auf das Unterbewusstsein unserer Mitmenschen einwirken

Die ersten beiden Gesetze sind im Prinzip eine Wechselwirkung in sich selbst. Getreu der Erkenntnis "wir können nicht nicht kommunizieren" befinden wir uns immer im **Interaktionskreislauf** zwischen Wahrnehmung und Wirkung. Darüber hinaus sind wir Menschen sensible Wesen und haben feine Antennen für die Kleinigkeiten um uns herum.
Dementsprechend bewerten wir auch blitzschnell, ob jemand einen positiven oder negativen Eindruck auf uns macht. Deswegen müssen wir nicht nur auf die Worte achten, sondern auch einen hohen Wert darauf legen, die Außenwahrnehmung durch eine effektive

Körpersprache zu beeinflussen. Denn schlussendlich ist jeder von uns in der Lage, auf das Unterbewusstsein seiner Mitmenschen einzuwirken. Insbesondere im Verkauf eine sehr mächtige Waffe, für die du normalerweise einen Waffenschein brauchst! Deswegen konzentriere dich in Zukunft auf das Hier und Jetzt. Versuche dabei so viel wie möglich wahrzunehmen. Denn manche Signale sind sehr subtil oder unbewusst - aber als Information eine Menge wert!

3.4.) Bewusstsein und Unterbewusstsein

In meinen Seminaren werde ich häufiger gefragt, ob ich Gedanken lesen kann. Meine Antwort darauf - Ja! Aber nicht aus dem Grund, dass ich wirklich die einzelnen Gedanken lesen kann. Ich sehe aber in den Gesichtern weitaus mehr als die meisten Menschen. Weil ich in den Gesichtern meiner Mitmenschen oftmals ihre Gedanken "erahnen" kann und mit einer gezielten Frage oftmals ins Schwarze treffe. Das Zauberwort lautet: **Mikroausdrücke**. Ein kurzes Runzeln in der Stirn, ein flüchtig verlegener Blick zur Seite oder ein verdecktes Lächeln. Diese oberflächlichen Zeichen und sind dem Denker meistens unbewusst. In meinen Seminaren über Körpersprache und Kommunikation vermittle ich jungen Azubis, wie wir Menschen auf unterschiedlichen Ebenen kommunizieren. Zuerst schauen die Teilnehmer mich sehr skeptisch an. Doch bei näherer Erklärung anhand anschaulichen Praxisbeispielen verwandeln sich ihre skeptische Mienen in erstaunte Gesichter. Im 21 Jahrhundert können die meisten Leute hervorragend mit einem Smartphone umgehen. Jedoch lernen wir wenig im klassischen Bildungsweg über die "Funktionsweise" des Menschen. In vielen Seminaren und Workshops wird das recht bekannte Eisbergmodell zur Veranschaulichung genutzt. Ähnlich wie bei einem Eisberg befinden sich zwischen 7 und 10% über der Oberfläche, sind sichtbar und spielen sich im bewussten Zustand ab.
In der Kommunikationswissenschaft über die **Zahlen, Daten und Fakten (ZDF).** Ein auffälliges Kratzen im

Gesicht, ein zustimmendes Spitzen der Lippen oder auch sogenannte versteckte Gesten. All das ist für den achtsamen Beobachter sichtbar. Als Experte für zwischenmenschliche Kommunikation sehe ich diese Signale immer wieder in den Gesichtern meiner Seminarteilnehmer. Fazit: Du kannst also mit geschulter Achtsamkeit und dem Grundverständnis im "Face-Reading" frühzeitig erkennen, was in deinem Gegenüber vor sich geht:

Checkliste von unterbewussten Prozessen:

- ☐ Gefühle / Emotionen
- ☐ positiven wie negativen Erlebnissen
- ☐ guten und schlechten Erfahrungen (bisherige Produkte, Dienstleistungen etc.)
- ☐ konditionierten Verhaltensweisen
- ☐ antrainierten Verhalten und Routinen
- ☐ Schutzmechanismen
- ☐ Glaubenssätzen über sich selbst, der Welt und anderen Dingen
- ☐ Politische Einstellung
- ☐ Wertvorstellung (konservative Haltung, Offenheit gegenüber Neuem etc.)
- ☐ Vorlieben und Abneigungen
- ☐ Ängste, Sorgen, Träume
- ☐ Kaufmotive

3.5.) Emotionen im Verkauf

Emotionen spielen im Verkauf eine sehr wichtige Rolle. Besonders in der Werbung bedienen sich Werbetreibende dem **emotionalen Storytelling**. Denn Emotionen sorgen für einen Gefühls- oder Erregungszustand und die damit verknüpften Erinnerungen und Erfahrungen werden ausgelöst. Die meisten **Kaufentscheidungen** werden auf **emotionaler Ebene** getroffen.

Positive Emotionen nutzen

- ☐ **Neugier**: Dein Kunde stellt dir sehr viele Fragen zu deinem Produkt/ deiner Dienstleistung. Ein neugieriger und aufgeschlossener Kunde zeigt dir starke Kaufmotive. Dem Abschluss steht also nichts mehr im Wege.
- ☐ **Begeisterung**: Wenn du selbst von deinem Produkt begeistert bist, dann lässt sich dein Feuer sicherlich auch schnell bei deinem Kunden entfachen.
- ☐ **Freude**: Ein positiv gestimmter Kunde ist mir immer willkommen. Im B2C-Sales wird oft über positive Emotionen verkauft.
- ☐ **Vertrauen:** Dein glänzender Auftritt, deine Selbstsicherheit und Begeisterung sorgen für eine vertrauensvolle Grundlage. Wenn du erstmal Vertrauen zu deinem Kunden aufgebaut hast, dann erhöht das deinen Verkaufsabschluss erheblich.

Negative Emotionen vermeiden

- ☐ **Gereizte** Stimmung. Am Telefon hörst du dieses negative Emotion sehr schnell heraus. Falls nötig, machst du einen anderen Gesprächstermin aus. Denn in dieser negativen Stimmung kannst du nur verlieren.
- ☐ **Misstrauen**. Fakt ist: Schwarze Schafe prägen sich sehr schnell in die Köpfe der Menschen ein. Ich selbst löse misstrauische Kunden in der Kaltakquise mit einem freundlichen "googlen Sie uns doch kurz...". Denn Transparenz schafft Klarheit und Vertrauen.
- ☐ **Hektik**. Wenn ich merke, dass mein Gesprächspartner am Telefon abgehetzt klingt dann frage ich freundlich und ohne Umwege nach einem besseren Zeitpunkt.
- ☐ **Arroganz**. Oftmals erleben es Verkäufer, dass der Geschäftsführer oder Entscheider in anderer Position von Oben herab schaut - das klassische Bild von Käufer und Verkäufer. Meine persönliche Strategie: von Anfang an stelle ich mich auf Augenhöhe und pinsel meinem Gesprächspartner definitiv nicht den Bauch. Meine Einstellung: Ich habe etwas, was mein Kunde will!
- ☐ **Angst**. In der Verkaufswelt wird Angst sehr häufig genutzt, meist unterschwellig. Angst ist eine extrem starke Emotion. Sie bewegt uns Dinge zu tun, die wir im "Normalzustand" nicht tun könnten.

Freilich gibt es insbesondere für die negativen Emotionen kein Patentrezept. Ich habe mich immer selbst gefragt, wonach mir in dieser Situation wäre. In der Fachsprache nennen wir das **Emotionale Intelligenz**. Versetz dich einfach in deinen Gesprächspartner hinein und du wirst rasch eine gute Lösung finden. Insgesamt will ich dir damit sagen, dass du positive Emotionen schaffen sollst. Negative Emotionen meidest du und schaust nach vorne. Und ganz ehrlich: jeder von uns hat doch mal einen schlechten Tag. Don´t worry - be Happy :)

3.6.) Deine Glaubenssätze im Verkauf

Was denkst du über Verkäufer im Allgemeinen? Denkst du, dass deine Gedanken dazu "richtig" sind? Die meisten Menschen DENKEN sowieso nur das, was sie selbst glauben WOLLEN. Aus diesen permanenten Gedanken über uns selbst, unser Umwelt, Freude und so weiter gegeben sich manifestierte Glaubenssätze:

- ☐ "Verkäufer wollen einen nur übers Ohr hauen."
- ☐ "Damit sie etwas verkaufen, verbiegen Verkäufer die Wahrheit."
- ☐ "Verkäufer sind aufdringlich und wollen nur den Abschluss."

Die meisten **Glaubenssätze** sind typische **Verallgemeinerungen** und sind wahr und falsch zugleich. Ja, es existieren definitiv Verkäufer, Makler, Anwälte und so weiter, die nur hinter deinem Geld her sind. Es gibt Verkäufer, die dir einen Rubin verkaufen, der eigentlich nur rotem aus Glas besteht. Und ja es gibt Verkäufer, die alles für die Provision tun. Ich selbst habe einen Tag die Erfahrung bei einer abgedroschenen Drückerkolonne für einen bekannten Telekommunikationsanbieter gemacht. Ich staunte nicht schlecht über die fragwürdige Vorgehensweise dieser Typen. Das hatte für mich nichts mehr mit Verkauf zu tun, sondern mit dreister Abzockerei. Aber das ist nur die eine Seite der Medaille. Immer mehr Menschen wollen sich ein ernsthaftes Business aufbauen oder für ein seriöses Unternehmen ehrliche Geschäfte machen.

Typische Glaubenssätze eines Verkäufers:

"Ich bin schüchtern und kann keine fremden Menschen ansprechen."
Die Wahrheit ist: Schüchternheit ist nur ein Mangel an Kontakten mit unbekannten Menschen. Denn ein Fremder ist nur ein Mensch, den du noch nicht kennst. In der Verkaufswelt ist das dann ein potentieller Neukunde!

"Kaltakquise bringt nichts und ich kann doch voll automatisiert Neukunden über das Internet gewinnen."
Online Marketing ist eine sehr gute Ergänzung zur Kaltakquise. Besonders im B2B-Vertrieb machen Menschen immer noch mit Menschen ihre Geschäfte. Und in dieser Haltung liegt die große Chance. Fast jeder Mensch ist über ein Telefon zu erreichen. Du brauchst eben nur ein gutes System, eine funktionierende Infrastruktur und eine hohe Schlagzahl.

"Ich habe Angst die Abschlussfrage zu stellen."
Was ist das Ziel deiner Akquise? Vielleicht kennst du diesen alten Verkäuferwitz.

Treffen sich zwei Verkäufer, sagt der eine mitreißend: "Ich habe heute eine Menge toller Gespräche geführt." Darauf erwidert der andere: "Lass gut sein, ich habe heute auch nichts verkauft."

Viele Verkäufer reden sehr viel um den heißen Brei. Doch im Geschäftsleben ist das nicht notwendig. Meine Devise lautet: Keep it short and simple. Begrüßung, ein kleiner Witz, Bedarfsanalyse, den Kunden qualifizieren, Einwandbehandlung, Abschluss und die nächsten Schritte.

"Reiche Menschen sind schlecht und Geld verdirbt den Charakter."
Da hat Hollywood vielen Menschen einen Floh ins Ohr gesetzt. Im 21. Jahrhundert gibt es sehr viele Reiche und Wohlhabende, die sich für das Wohl der Menschen einsetzen. Es liegt doch an dir, was du mit dem bedruckten Papier machst. Für mich ist Geld gedruckte Freiheit und eine Fahrkarte dafür, mir zum Beispiel meine Wünsche zu verwirklichen.

"Verkäufer sind Klinkenputzer und Bittsteller."
Die Wahrheit ist: ohne den Vertrieb und den Verkauf von Waren gäbe es unser Wirtschaftssystem nicht. Denn wir Verkäufer schreiben immer noch einen Großteil der Bilanzen eines Unternehmens.

"Verkäufer manipulieren ihr Gegenüber so, dass er etwas kauft, was er nicht braucht."
Mit einer kundenorientierten Bedarfsanalyse verkaufst du deinem Kunden genau das, was seinen Wünschen entspricht. Ein zweiseitiges Tauschgeschäft, bei dem beide Parteien profitieren. Du erzeugst damit eine WIN-WIN-Situation

3.7.) Psychologische Kundenprofile

Menschliches Verhalten ist immer abhängig von bewussten und unbewusste Gedanken, Erfahrungen und Erlebnisse. In Zukunft bist du in der Lage deinen Gesprächspartner zwischenmenschlich besser zu verstehen.
Warum ist das im Verkaufsgespräch wichtig? Weil du aufgrund der psychologischen Bedürfnissen deines Kunden die Wahren Kaufmotive erkennst. Wenn du diese universelle Matrix kennst und anwendest, dann kannst du mit den verschiedenen Typen im Verkauf besser umgehen - du sprichst auf ihrer "Sprache".

Der dominante Typ

Ziele: Ergebnisse, Macht

Ängste: Kontrollverlust, Machtverlust, Niederlagen,

Ablehnung, Keine Schwäche zeigen dürfen

Abneigungen: Keine Ergebnisse, niedrige Produktivität

Verhalten unter Druck: Ungeduldig, motiviert

Kaufmotive: Auswahl, Leistung, Neuheiten, Prestige, schnelle Ergebnisse

Motivation: Mein Vorteil, das Beste sein und haben, Erfolg

Entscheidungsfindung: Schnell und direkt, Ego orientiert

Stimme: Relativ monoton, sachlich, bleibt emotional cool

Mindset: Auch der zweite ist der erste Verlierer

Der intuitive Typ

Ziele: Kommunikation und soziale Anerkennung

Ängste: Ablehnung, Außenseiter sein, soziale Ausgrenzung

Abneigungen: Detailarbeit, auf sich gestellt sein

Verhalten unter Druck: Emotional, Chaotisch

Kaufmotive: Empfehlung, Komfort

Motivation: Bekanntheit, Beliebtheit

Entscheidungsfindung: Emotional, nach Bauchgefühl, sprunghaft

Stimme: Begeisterung, inspiriert, enthusiastisch

Mindset: das Leben ist eine Party!

Der stetige Typ

Ziele: Sicherheit, Harmonie, Einklang

Ängste: Veränderungen, Neuheiten

Abneigungen: Feindseligkeit, Konflikte, Unbekanntes, Unvorhergesehenes

Verhalten unter Druck: Anpassend, unschlüssig

Kaufmotive: Zusicherungen, Aufmerksamkeit

Entscheidungsfindung: Bewusst, langsam, mit anderen absprechen

Stimme: Weich, behutsam, unsicher

Mindest: Friede, Freude, Eierkuchen - Harmonie und bitte keine Konflikte

Der gewissenhafte Typ

Ziele: Genauigkeit, Ordnung, Struktur

Ängste: Kritik an Leistung, "Gesicht verlieren", Unwissenheit, Angst falsch zu liegen, Kontrollverlust

Abneigungen: Unordnung, Ungenauigkeit

Verhalten unter Druck: Rückzug, Sturheit

Kaufmotive: Qualität, Genauigkeit, Logik

Motivation: Fachwissen, Neues Wissen erwerben, Fakten verliebt

Entscheidungsfindung: Analytisch, Zahlen, Daten, Fakten

Mindset: Ich muss alles doppelt und dreifach prüfen

Du brauchst natürlich eine gewisse Zeit, damit du diese Menschentypen erkennst und dich auf die Ziele, Ängste, Abneigungen und deren Kaufmotive einstellen kannst. Mein persönlicher Tipp: am besten holst du den maximalen Lerneffekt in deinem Umfeld raus. Analysiere deine Familie, Freunde und deine näheren Bekannten. Dadurch lernst du zeitnah, wie diese Menschen ticken. Zum Schluss will ich noch eines sagen: kein Mensch ist ein einziger Typ. Jeder hat gewisse Ausprägungen und Anteile.

4.) Verkaufspsychologische Grundlagen

In dieser Lektion lernst du die geheime Welt der wesentlichen psychologischen "Manipulationsstrategien". Ja ich benutze bewusst den Ausdruck der Manipulation, weil du die Kaufbereitschaft der Kunden erhöhst. Du manipulierst bzw. veränderst gewisse Werte in deinem Kunden und greifst, die psychologischen Auslöser deiner Zielgruppe und deines Kunden an. Worum geht es in erster Linie im Verkauf? Die meisten Verkäufer beantworten diese Frage mit einem "ja den Abschluss machen" - logisch. Aber warum scheitern Verkäufer am Abschluss? Weil die **umfassende Vorbereitung auf den Kunden** mangelhaft ist und das **Wissen über die menschliche Psyche** fehlt. Doch wie funktioniert diese unsichtbare Macht in der Verkaufspraxis? Und warum sollte ich als Verkäufer dieses Wissen überhaupt in meinen Verkaufsprozess einfließen lassen? Diese Fragen will ich gerne in dieser Einleitung mit dem zukünftigen **Mehrwert für dich und Business begründen**.

Was musst du im Verkaufsgespräch erschaffen, damit deine Kunden dein Produkt oder deine Dienstleistung kaufen wollen? Richtig. **Vertrauen** und **Sympathie** - die **Grundpfeiler einer guten Geschäftsbeziehung**. Und genau diesen beiden Werte müssen wir am Anfang des Gesprächs bei unserem Gegenüber aufbauen. Denn mit dieser Atmosphäre überzeugst du deinen Gesprächspartner, dass er oder sie dir in zukünftigen Geschäften auf dich zählen kann. Eine Vertrauensbasis sorgt dafür, dass der andere sich sicher fühlt. Aufgrund dieser emotionalen Sicherheit suggerierst du deinem Kunden, dass man sich auf dich verlassen kann. Und das ist einer der wesentlichen Gründe, warum Kunden von vertrauenswürdigen Menschen kaufen.

Schau dir zum Beispiel die einflussreichen Werbefiguren oder Influencer in den klassischen Medien bzw. sozialen Medien an. Wirken diese vertrauenswürdig? Ja und ob! Und warum? Weil sie dir von der beworbenen Marke ein Image verkaufen wollen und dieses Image transportieren die Idole und Stars mit ihrer "authentischen" und **vertrauenswürdigen** Art. Diese Menschen wecken in uns **das Gefühl des Vertrauens** und der **Verbundenheit**. Zum einen befriedigen sie damit ein Grundbedürfnis der zwischenmenschlichen Verbindung. Zum anderen aktivieren sie damit unsere Kaufmotive.

Deswegen ist das **Wissen über zwischenmenschliche Prozesse** unfassbar wichtig für deinen **Vertriebserfolg**. Erfolgreiche Verkäufen wissen, dass Vertrauen und Sympathie anfangs die Grundlagen für einen zukünftigen Abschluss sind. Denn Kunden kaufen eher ein zweitklassiges Produkt von einem erstklassigen Verkäufer als ein erstklassiges Produkt von einem zweitklassigen Verkäufer.

4.1.) Der Weil Trick

Wie oft stehst du im Supermarkt mit einem kleinen Einkauf in der Warteschlange und willst dich freundlich durch die Menschenmenge vor dir "vordrängeln". Es gibt Menschen die höflich und achtsam sind. Sie bieten dir dann in der Regel die Überholspur an. Doch wie oft traust du Dich zu fragen, ob du nicht einfach vorbei gehen kannst? Welche Gedanken kommen in deinen Kopf? Da könnte doch jeder kommen? Wie peinlich ist das denn? Oder hast Angst vor der stumpfen Ablehnung deiner Bitte? Mach beim nächsten Einkauf, am besten gegen Feierabend folgendes Experiment: Du stellst dich an der längsten Warteschlange an. Dann sprichst selbstsicher zu den vor dir stehenden die Bitte aus dich durch zu lassen. Klingt verrückt? Na dann geben wir noch eine Schippe drauf. Du begründest deine Bitte an die anderen Kunden noch mit dem Wörtchen "weil" und stützt deine Aussage mit einem stichhaltigen Argument.

"...weil ich es eilig habe."
"...weil ich nur zwei Dinge einkaufe und an der Kasse schnell fertig bin."
"...weil du deinen Hund im Auto hast und der ungern alleine ist, ansonsten hupt er lautstark."

Du erschaffst durch die **Begründung** einen anderen **Kontext** und je nachdem, welchen Typ Menschen du ansprichst, wird dieser deiner Bitte mit erhöhter Wahrscheinlichkeit entgegen kommen.

Das Verbindungswort "Weil" unterstützt deine vorab genannte Bitte mit einem sattelfesten Argument. Im Verkaufsgespräch wendest du diese Strategie zielführend an. Damit beziehst du beispielsweise im Preisgespräch die Nutzenargumentation deiner Produkte und/ oder Dienstleistungen. Wir halten also fest:

Weil = liefert dem Gehirn eine **Begründung** = erhöht die **Wahrscheinlichkeit** (jedoch keine Garantie)

Dazu ein paar Beispiele für die Praxis:

Dieses Produkt ist besonders **hochwertig**, weil es in Deutschland produziert wurde.
Wir sind ein starker Partner für Ihr Geschäft, weil wir seit mehr als 50 Jahren **Erfahrung** mit XY haben.

Aufgabe: Definiere deine eigenen WEIL-Argumente
Überlege dir für diese Lektion mindestens 30 WEIL-Sätze mit denen du dein Produkt oder deine Dienstleistung für den Kunden mit dem magischen Wort "WEIL" begründest. Damit baust du dir deine solide Grundlage für dein Produkt bzw. Dienstleistung. Mit dieser Aufgabe erweiterst du dein Verkaufsskript also mit wertvollen Nutzenargumentation nach der WEIL-Taktik.

4.2.) JA-JA-JA - die Macht der positiven Emotionen

Ein recht alter Verkäufertrick auf psychologischer Ebene, aber dennoch wirkt dieser Trick als eine Art "Evergreen" im Verkauf. Ja bedeutet Zustimmung und ist positiv verknüpft. Das bedeutet für dich als Verkäufer, dass du deine Kunden dazu bewegen musst, einfach mal JA zu sagen.

Früher lief das zum Beispiel so ab:
"Guten Morgen, hier ist Herr Alt von der Firma XY. Ich spreche doch mit dem Geschäftsführer Herrn Mustermann von der Firma YZ?"

Wenn dies der Fall war, dann holen sich Verkäufer ihr erstes "JA" im Verkaufsgespräch.

"Herr Mustermann, gut das ich Sie spreche - es geht um das Thema XY. Wie ich gesehen habe, ist dieses Thema ebenfalls relevant für Ihr Unternehmen, richtig?

Wenn das Thema dennoch relevant ist, dann wird er deine Aussage mit einem weiteren JA bestätigen.

Gut. Jetzt hast du dir bereits ein zweites JA verdient und bist immer noch im Gespräch.

"Herr Mustermann, in diesem Zusammenhang ist es doch auch sicherlich interessant für sie, diesen Prozess zu optimieren damit Sie Zeit und/oder Kosten sparen."

In der regel löst du hier einen effektiven Anreiz, die Kaufmotive des Geschäftsführers anzusprechen. Mit einem weiteren JA bist du einem Abschluss also näher.

Unterbewusst steuerst du also eine positive Stimmung an, die du dir bewusst durch das JA deines Gesprächspartners einholst. Somit baust du im Unterbewusstsein bereits eine positive Grundstimmung auf und kommst besser ins Gespräch. Ich persönlich bewerte diese Methode etwas kritisch, da viele Geschäftsführer ebenfalls verkäuferisch geschult sind. Weil dieser Trick bereits bekannt ist, wirkt deine Masche höchstwahrscheinlich sehr manipulativ. Und bei einer Sache kannst du dir sicher sein: Wenn Menschen merken, dass sie manipuliert werden, dann reagieren sie definitiv ablehnend!

4.3.) Primacy-Recency-Effekt

In der Verkaufspsychologie gibt es einige Effekte die du definitiv kennen musst. Eines davon ist der sogenannte **Primacy-Recency-Effekt** oder auf deutsch: serieller Positionseffekt. Wie du erkennen kannst, ist dieser Effekt aus zwei Grundbausteinen aufgebaut. Einmal der Primäreffekt (Primacy) und der Rezenzeffekt (Recency). Diese beiden Effekte knüpfen an das psychologische Gedächtnisphänomen an, in dem wir Menschen uns prinzipiell Informationen zu Beginn und gegen Ende der Darstellung besser merken können.

Im Umkehrschluss bedeutet das folglich auch, dass die **Informationen** dazwischen in Vergessenheit geraten und für deinen Verkaufsprozess nicht relevant werden. Ich bevorzuge von Natur aus eine kurze und **prägnante Kommunikation** mit meinen Kunden, denn in der Kürze liegt die Würze. Besonders im B2B Vertrieb ist die Zeit am anderen Ende der Leitung und/ oder des Tisches eh sehr begrenzt. Für die visuellen Lerntypen unter euch, hier eine grafische Übersicht.

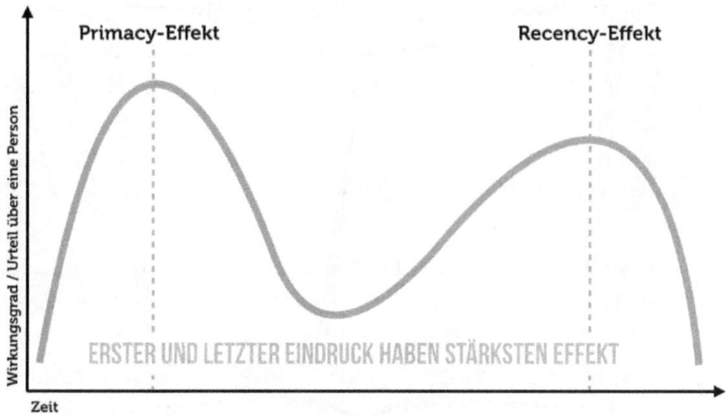

Quelle www.karrierebibel.de

Wie kann ich diesen Effekt in die Praxis umsetzen? Die erste Grundhaltung die sich aus diesem Effekt ableiten lässt, bezieht sich natürlich auf den ersten Eindruck. Sympathie wird in den ersten Augenblicken ausgetauscht und das haftet natürlich dann am weiteren Verlauf des Gesprächs.

Bedeutung für dein Verkaufsgespräch

In meinen Verkaufsgesprächen halte ich mich (meistens) an eine goldene Regel: KISS - keep it short and simple.

Besonders im B2B-Vertrieb musst du deine Botschaft knackig und ohne viel BlaBla auf den Punkt bringen. Geschäftsführer und/ oder Entscheider stehen nicht auf endloses Gelaber - Zeit ist eine knappe Ressource. Das einzige was Menschen in diesen Positionen interessiert: Nutzen und Mehrwert für ihr Unternehmen. Wenn du bereits am Anfang des Gesprächs auf diese prägnante Ebene eintauchen kannst, dann nehmen dich deine potentiellen Kunden auf Augenhöhe wahr - ein relevanter Erfolgsschlüssel für deinen Abschluss. Deine kurze und knackige Einleitung bestimmt dann grundlegend den weiteren Verlauf des Verkaufsgesprächs.

Am Anfang stellst du am Besten die richtigen Fragen und gibst somit die Richtung des Gesprächs an: "Wer fragt der führt." Dadurch überlässt du deinem Kunden den Redeanteil bekommst als Gegenleistung wertvolle Informationen. Dein Kunde hat folglich im Gespräch nicht den negativen Eindruck, von dir mit der "Informations-Keule" erschlagen zu werden.

Zum Schluss ziehst du den "Recency-Effekt" auf deine Seite und argumentierst mit schlüssigen Argumenten und dem Nutzen für deinen Kunden und sein Unternehmen.

Wie sieht das dann exemplarisch in der Praxis aus?

Anfang: Gelungener **Gesprächseinstieg**, direkte und freundliche Ansprache deines **Gesprächspartners**. Du musst **direkt auf den Punkt** kommen. Der Primacy-Effekt erzielt eine weitaus höhere Wirkung, deswegen ist der **erste Eindruck** sehr wichtig.

Mittelteil: Dein Gesprächspartner hat mehr gesprochen somit bekommt er im Mittelteil den Eindruck, dass er von dir nicht mit Informationen zugetextet wurde. Im Gegenteil, du hast **wichtige Informationen mit deinen Fragen** erhalten.

Abschluss: Am Ende des Gesprächs setzt du überzeugend und intelligent die logischen **Nutzenargumente** ein. Damit steht einem erfolgreichen Abschluss nichts mehr im Wege - soweit in der Theorie. Danach musst du **die nächste Aktion (DNA)** ausmachen und einen Termin vereinbaren.

Produktpräsentation und Nutzenargumente

Auch bei deiner Produktpräsentation ist es sinnvoll, diesen Effekt mit einfließen zu lassen. Dein Kunde merkt sich die für wichtigsten Argumente. Dadurch konzentriert er sich auf diese beiden Aspekte und Du lenkst die Aufmerksamkeit deines Kunden gezielt auf die wichtigsten Argumente. Mit dieser Strategie erhöht sich die Wahrscheinlichkeit für den erfolgreichen Abschluss.

2. Wichtigste Argument
3. Wichtigste Argument
4. Wichtigste Argument
5. Wichtigste Argument
1. Wichtigste Argument

Aufgabe - Dein Telefonskript optimieren

Der Anfang - Primacy: nenne den Namen deiner Ansprechpartner immer zuerst. Das sorgt dafür, dass es dir wichtig ist, mit wem du sprichst. Glaube mir, der eigene Name klingt wie Musik in den Ohren und schmiert dem anderen Honig um den Mund.

"Guten Tag / Hallo / Servus / Frau/ Herr Meyer, hier ist Andreas Webers von der Teylor AG."

Warten - 3, 2, 1. Es ist wichtig, deinem Gesprächspartner die Zeit zu lassen, sich auch deinen Namen zu merken.

Bist du mit dem richtigen Gesprächspartner verbunden, so kommst du direkt auf den Punkt, ohne die berechenbare Informationskeule und unnötiges Marketing-Geschwafel.

"Herr / Frau Meyer, ich bringe es für sie schnell auf den Punkt. Ich möchte Ihnen heute die Vorteile einer Zusammenarbeit aufzeigen, wenn es denn Sinn macht."

Abwarten.

"Es geht um das Thema XY und mir ist es wichtig, dass Sie den Mehrwert XY für Ihr Unternehmen bekommen. Wie interessant hört sich das für Sie an?"

Abwarten. In der Regel kommen verschiedene Einwände, die du behandeln musst. Dazu später mehr im Kapitel 9.

Wir gehen davon aus, dass dieses Thema interessant für deinen Kunden ist.Jetzt geht es darum, die nächsten Schritte zu besprechen. Am besten vereinbarst du einen persönlichen Termin mit deinem Interessenten. Fertig. So weit so gut. Mir ist klar, dass die Praxis in der Regel ganz anders aussieht, es geht nur um eine Vereinfachung, damit du einen gelungenen Gesprächseinstieg hast. Denn die ersten zwei Minuten am Telefon sind sehr entscheidend.

Beim Abschluss fasst du die wesentliche Punkte nochmal zusammen, fragst nach E-Mail Adresse und Durchwahl, verabschiedest dich und informierst deinen potentiellen Kunden über die nächsten Schritte - letzteres am besten in einer E-Mail zusammengefasst.

Eine höfliche Verabschiedung und bedanke dich für die Zeit deines neuen Kunden.

4.4.) Priming - Wie Worte wirken

Moin. Servus. Grüß Gott. Guten Morgen. Was geht ab? Wie gehts wie stehts? Die Begrüßung am Telefon oder persönlich im Geschäft ist ein essentieller Bestandteil mit unseren Mitmenschen in Kontakt zu kommen. Eigentlich kann doch soviel nicht schief gehen oder? Falsch gedacht. In meinen Trainings höre ich immer wieder mit Erstaunen, wie devot und teilweise unbeholfen meine Kunden ihre Kunden im Live-Telefontraining ansprechen.

"Guten Tag Herr Kunde (Geschäftsführer, Entscheider), störe ich sie gerade?"

"Guten Tag Frau Kunde, mein Name ist XY von der YZ GmbH, darf ich sie kurz stören?"

"Ich wollte mal nachfragen, ob mein Angebot für Sie interessant sein könnte..."

Mit diesen Phrasen kommst du eventuell noch an der Palastwache vorbei. Aber wenn den Entscheider überzeugen willst, dann musst du dir schon etwas anderes überlegen. Mit dieser weichen Sprache überzeugst du deinen Gegenüber nur davon, dass er gleich wieder auflegen will. Der erste Eindruck ist wichtig. Aus diesem Grund können gute Verkäufer mit geschickten Priming die Gedanken des Kunden in eine gewünschte Richtung lenken. Der Priming-Effekt ist eine **Manipulationstechnik** mit der du deinen Kunden kognitiv auf ein Thema "primen" kannst. Damit beeinflusst du das Unterbewusstsein deines Kunden und wirkst auf seine **Denkmuster**. Klingt wie

Science Fiction? Nicht ganz, denn der Ursprung des Priming findet sich im neurolinguistischen Programmieren wider.

Hier ein Beispiel aus der Praxis:

„Ich habe das spannende Thema XY für Sie aus einer völlig neuen Perspektive aufbereitet, so dass uns mit der bisherigen Erfahrung und Professionalität innovative Lösungswege zur Verfügung stehen werden." beginnen? Der unbewusste Fokus deiner Zuhörer wird auf den Begriffen „spannend", „neu", „Erfahrung", „Professionalität" und „Innovation" liegen. Und genau dort wollen wir unseren Kunden abholen.

Übung macht den Meister! Überzeuge deinen Kunden mit der lebendigen Macht der deiner Worte und überzeuge durch einen positiven Ausdruck in deiner Sprache!

4.5.) Framing - der richtige Rahmen für die Akquise

Wahrscheinlich kennst du den Spruch: "Ohne Rahmen kein Verkauf". Genau diese Technik nutzen gute Verkäufer, weil Menschen grundsätzlich in bestimmten Denkmustern denken. Beim Framing setzt du das Gespräch in einem bestimmten Rahmen.

Natürlich lässt sich diese Technik positiv wie negativ nutzen. Ein sehr krasses Beispiel kommt aus dem Jahre 2001, genauer gesagt der 11. September. Kannst du dich noch daran erinnern, was du an diesem Tag gemacht hast? Wahrscheinlich hast du fassungslos die Nachrichten verfolgt. An diesem Tag wurde der Begriff "Terror" sehr nachhaltig in die Köpfe der Menschen "geframed". In der Konsequenz wurde durch die Medien "Terror" und "Terrorismus" mit der Emotion "Angst" verknüpft. Gleichzeitig wurden jedes mal diese schrecklichen Bilder hervorgerufen. Warum spreche ich dieses Ereignis an? Weil es eben verdeutlicht, wie man Menschen durch einen gesetzten Rahmen manipulieren kann.

Entsprechende Erkenntnis musst du auch in deinen Verkaufsgesprächen nutzen. Das Framing im Verkauf zielt darauf ab, den emotionalen Zustand des Gegenübers in der Regel positiv zu beeinflussen. Emotionen beherrschen die Entscheidungsfindung und besitzen dadurch einen enormen Einfluss auch die Kaufentscheidung. Dadurch kannst du mittels positiven Framing die Grundhaltung dir gegenüber als Verkäufer deutlich verbessern.

Für welche Bereiche kannst du das Framing nutzen?

- ☐ Hochwertiger Rahmen: teures Auto, luxuriöse Uhr
- ☐ Sprache: positive Ausdrucksweise, ausdrucksstarke Stimme
- ☐ Vorteile in den Vordergrund stellen
- ☐ Kundennutzen und Mehrwert aus Sicht des Kunden positiv hervorheben

Die Essenz aus dem Framing ist relativ simpel erklärt. Ein Mensch kann aufgrund seiner Fähigkeiten nur eine begrenzte Menge an "Daten und Informationen" aufnehmen. Deswegen musst du als Verkäufer den richtigen Rahmen setzen, welche Informationen er unbedingt aufgreifen muss und stellst diese natürlich auf die Sonnenseite!

4.6.) Warum Fragen den Kunden öffnen...

...und Behauptungen deinen Gesprächspartner verschließen. Mit sehr hoher Wahrscheinlichkeit kennst du eines meiner Lieblingszitate aus der Kommunikation:

In der Verkaufswelt des 21 Jahrhunderts ist es immer noch ein immens wichtiger Bestandteil, durch geschickte Fragen an die Kaufmotive und überhaupt, an Informationen zu gelangen. Mit diesem Mindset wirst du feststellen, dass du knapp 20% des Gesprächs redest und die restlichen 80% Inhalte vom Kunden kommen. Und das ist ein weiteres **Erfolgsgeheimnis** erfolgreicher Verkäufer - weniger ist mehr. In diesem Kapitel schauen wir uns die Grundlagen an und tauchen dann im siebten Kapitel tiefer in die Fragetechniken ein.

Vorteile geführter Verkaufsgespräche

1) Fragen haben eine verblüffende Eigenschaft: Der Frage antwortet. Das haben wir bereits in der Schule gelernt, dass auf eine Frage, eine Antwort zu folgen hat. Außerdem steht der Befragte unter **Denklast** und konzentriert sich mehr auf das aktuelle Gespräch
2) Fragen sind wesentlich **besser als Behauptungen**: Behauptungen reizen den Gesprächspartner zum Widerspruch
3) Fragen zeigen **Interesse** am Gegenüber. Ob im privaten oder beruflichen Kontext, niemand hört jemanden zu, der nur über sich redet und überhaupt kein Interesse an sein Umfeld zeigt. Mit qualifizierten Fragen erkennst du den **Bedarf deines Kunden** und kannst sehr zielorientiert mit den Argumenten des Kunden trumpfen. Je mehr Informationen du im Verkaufsgespräch bekommst, desto besser kannst du deinen Gesprächspartner von seiner Position abholen.
4) Mit deinen Fragen führst du das Gespräch am **roten Faden** und leitest das Gespräch in deine gewünschte Richtung. Damit gewinnt dein Gespräch bereits am Anfang einen zielführenden Charakter. Du wirkst professionell und kompetent. Das strahlt **Vertrauen** aus und dieses Vertrauen würzt dein Verkaufsgespräch mit der richtigen Note.

Öffnende Fragen

Du willst Informationen von deinem Gesprächspartner. Die bekommst du aber nur, wenn du eine offene Frage zu einem bestimmten Thema stellst. Darin erkennst du Wünsche, Bedürfnisse, Ziele, Träume deines Gegenübers und kannst damit ein Gespräch auf Augenhöhe aufbauen. Typischerweise erkennst du diese Frageform daran, dass sie mit einem “W” beginnen: Welche, Was, Wie,...

Beispiele:
“Welche bisherigen Erfahrungen haben sie mit einem vergleichbaren Produkt gemacht?”

“Welche Erwartungen haben Sie an einen Dienstleister oder an einem Produkt?”

“Wie müsste eine Dienstleistung aussehen, dass sie Ihren Qualitätsansprüchen genügt?

Jedoch sind nicht alle “W-Fragen” zu empfehlen. Vermeide insbesondere aggressive W-Fragen: Wieso, Weshalb, Warum. Besonders bei dem Fragewort “Warum” werden viele Menschen an einen Ort und eine bestimmte Zeit erinnert - Zuhause als Kind unter der “Herrschaft” der Eltern.

“Warum hast du dein Zimmer noch nicht aufgeräumt?”

“Warum kommst du jetzt erst nach Hause?

Sofort löst du in deinem Gegenüber eine **rechtfertigende Haltung** aus und baust sofort Ablehnung und Widerstand auf. Deshalb löse dich von der "Warum-Frage" und du erreichst deinen Gesprächspartner auf Augenhöhe.

"Wieso (weshalb, warum) haben sie sich für den Lieferanten XY entschieden?"

Oder besser:

"Was mich persönlich Interessiert: aus welchen Gründen haben Sie sich damals für den Lieferanten XY entschieden."

In der ersten Version forderst du mit der Pistole auf der Brust deinen Gesprächspartner auf, sich für seine Entscheidung in der Vergangenheit zu rechtfertigen. Diese Position mag kein Mensch und erinnert uns an die Eltern die ständig fragen: Wieso hast du jenes nicht gemacht, warum bist du noch nicht angezogen etc. Diese Art der Fragerei erzeugt in den **meisten Menschen unterbewusst eine negative Emotion**. Diese Situationen wollen wir uns im Verkaufsgespräch vermeiden. Die psychologische Konsequenz wird auf dieser Ebene sofort klar: dein Gesprächspartner baut unbewusst Widerstand auf und wird an negative Situationen erinnert - zum Teil sogar aus der Kindheit. Du denkst, dass ist weit hergeholt? Die Vergangenheit ist bei vielen Menschen lange her, doch Emotionen kennen kein Raum-Zeit-Gefühl. Sie werden aus einer tiefen Erinnerung ausgelöst und sind sofort im Hier und Jetzt. Und voilá Du hast wahrscheinlich in diesem

Moment einen potentiellen Neukunden verloren. In Zukunft wird dir das aber nicht mehr passieren.
Zusammenfassung - in diesen Fällen stellen wir offene Fragen:

- ☐ Wenn Hintergrundinformationen benötigt werden um Ankerpunkte für deine Argumentation zu setzen: Ziele, Motivation, Interessen, Werte etc.
- ☐ Um ein konstruktives und offenes Gespräch zu beginnen mit dem vorrangigen Ziel, Meinungen und Ideen auszutauschen
- ☐ Falls wir im Verkaufsgespräch auf Widerstände, Einwände oder Skepsis stoßen, dann eignen sich offene Fragen sehr zielgerichtet, um den Sachverhalt genauer zu klären. Damit bringst du Licht ins Dunkle und kannst gezielt die Blockaden lösen.

Geschlossene Fragen

Weißt du was geschlossene Fragen sind? Spätestens jetzt müsste der Groschen fallen. Mit diesem Fragetyp eröffnest du keine Unterhaltung. Ein einfaches "Ja" oder "Nein" ist die gängigste Antwort. Wenn du zum Beispiel bei der Palastwache bzw. der menschlichen Firewall mit dem Einstieg kommst:

"Können sie mich bitte mit Herrn Meyer verbinden?"

Die logische Antwort ist: "Ja (kann ich, was denn sonst, dafür sitze ich hier den lieben langen Tag." Dir wird hoffentlich klar, dass du mit dieser Frage die

Kompetenzen deiner Gesprächspartner untergräbst. Sag an dieser Stelle was du willst und stelle keine unnötigen geschlossenen Fragen. Verbindlich, professionell und selbstsicher formulierst du deine Bitte folgendermaßen:

"Frau Ohlinger, stellen Sie mich bitte zum Max Meyer durch. Dankeschön."

Als Analogie zum privaten Alltag: besuche eine Bar und betreibe Sozial-Akquise. Wenn du jemanden kennenlernen willst, dann musst du aktiv werden. Mach mal folgendes Experiment in einer Bar. Gehe auf wildfremde Menschen zu und befrage sie nach ihrem Urlaub (Variante A und B). Ich glaube das Ergebnis erschließt sich ganz logisch bei welcher Variante du ein interessantes Gespräch aufbauen kannst...

Variante a) Bist du schon mal auf Bali gewesen?

Variante b) Welches Land das du bereist hast, gefiel dir bisher am besten und würdest es bedingungslos weiterempfehlen?

Was denkst du, mit welcher Variante du ein unterhaltsames Gespräch aufbaust? Mit offenen Fragen "öffnest" du deinen Gesprächspartner und bekommst wertvolle Informationen. Geschlossene Fragen benutzt du nur, um oberflächliche Infos zu bekommen. Genauso verhält es sich übrigens auch bei der Kundenakquise. Wenn du neue Kunden für dein Unternehmen gewinnen willst, dann musst du **Kontaktsport** betreiben.

Die sechs blödesten Fragen

Wer behauptet, dass es keine Blöde fragen gibt, der hat meiner Meinung nach nichts mit Verkaufen zu tun. Es gibt wirklich Verkäufer dort draußen, die sich mit diesen sechs Fragen vollkommen deklassieren und sich ins knallharte Abseits schießen.

Nr. 1) "Haben Sie schon mal von uns gehört?"

Wenn du noch wenig Bekanntheitsgrad genießt, dann kannst du Dir diese Frage sparen, denn du kennst die Antwort bereits. Dein Hauptziel beim ersten Kontakt: Positiv im Gedächtnis bleiben.

Nr. 2) "Was ist eigentlich Ihre Aufgabe hier im Unternehmen?"

Wow. Diese Frage spricht Bände und sagt folgendes über dich aus: Du hast dir noch nicht mal die Mühe gemacht, dich mit dem Unternehmen und deinem potentiellen Kunden zu beschäftigen. In der B2B-Welt ein absolutes No-Go. Falls du auf der Webseite oder auf sozialen Medien nichts übere den Entscheider oder einer legitimen
Abteilungsleiter nicht ermitteln konntest, dann frage dich durch und notiere dir die Durchwahl.

Nr. 3) "Können Sie mich mit Herrn / Frau Mayer verbinden?"

Nein! Sei selbstbewusst und zielorientiert. Verlange höflich und bestimmend deinen Gesprächspartner.

"Frau Kirchner, verbinden Sie mich bitte mit Andreas Schneider, danke sehr."

Hier kommt die Psychologie dahinter: Die Assistenz wird an den dominanten und bestimmten Ton ihres Chefs erinnert und ordnet dich auf diese Ebene ein. Außerdem suggerierst du durch die Nennung des **Vornamens**, dass du möglicherweise bereits mit dem Gesprächspartner in Verbindung stehst.

Nr. 4) "Ich wollte mal fragen, ob meine Unterlagen bei Ihnen eingetroffen sind...?!"

Im digitalen Zeitalter "treffen" Unterlagen nicht mehr ein. Du schickst eine E-Mail und in der Regel macht der "Postbote" alles richtig. Ansonsten bekommst du eine klare Fehlermeldung. Wenn ich kalt eine E-Mail schicke, was selten vorkommt, da ich es bevorzuge, die Leute persönlich anrufe, dann leite ich das Gespräch mit folgenden Satz ein:

"Herr / Frau Meyer, mein Angebot liegt Ihnen vor, welche Fragen haben sie dazu?

Nr. 5) "Können Sie mir ein bisschen über Ihre Firma erzählen?"

Setzen sechs! Ein guter Verkäufer macht im Voraus seine Hausaufgaben und weiß zumindest die Eckdaten eines Unternehmens. Wer sind die Geschäftsführer? Wie groß ist das Unternehmen? In welcher Branche ist das Unternehmen angesiedelt und welche Kernprodukte/ Dienstleistungen bietet es?

Nr. 6) "Was muss ich tun, um den Auftrag zu erhalten?"

Es gibt Verkäufer, die diese Frage in ihrem Portfolio aufgenommen haben. Ja mit dieser Frage könntest du Informationen aus dem Kunden locken. Aber sei mal ehrlich zu dir selbst: Wie wirkt diese Frage auf dich? Gut erkannt - devot, unterwürfig und so, als ob du es wirklich nötig hast. Besser lässt sich doch die Frage stellen, welche Erwartungen der Kunde an das Produkt oder die Dienstleistung hat. Mit dieser Frage bekommst du wertvolle Informationen für deine Nutzenargumentation.

4.7.) Zielorientierte Sprache

Wir Menschen sind im ständigen Austausch von Informationen. Kommunikation findet imme rund überall statt und wir können eben **nicht nicht kommunizieren**. Vielleicht ist es dir schon aufgefallen, dass es Menschen gibt, die einfach deutlich überzeugender sind als andere. Doch woran liegt das? Sehen sie besser aus? Warum sind manche Menschen bessere Führungspersönlichkeiten? Es liegt auf der Hand bzw. im Mund. Die besten "Leader" sind glänzen durch eine stark ausgeprägte und direkte Sprache.

Viele Verkäufer neigen dazu, ihre Kunden mit einer Fülle an Informationen regelrecht zu über informieren. Das führt zwangsläufig dazu, dass der Gesprächspartner sich vom Verkaufsgespräch abwendet. Das ist die knallharte Realität. Ob du als Verkäufer mit Geschäftskunden zu tun hast oder Privatkunden versorgst, die Aufmerksamkeitsspanne deiner potentiellen Kunden ist in der heutigen Zeit geringer denn je! Deswegen musst du immer mit einem Ziel kommunizieren und deine Sprache anpassen. Die **Macht der Sprache** spielt in dieser Lektion eine enorm wichtig Rolle.

Du lernst, WIE du etwas sagst und welche Worte eine positive Wirkung erzeugen. Außerdem bekommst du eine Liste an Wörtern, die du am aus deinem Wortschatz streichen musst. Aus diesem Grund geht es in diesem Kapitel darum, wie Du die Kraft der Sprache nutzt, um deine Kunden nachhaltig von dir zu begeistern. Damit legst du den Grundstein für einen kompetenten Auftritt.

Beginnen wir mit einem kleinen Gedankenspiel: Denke bitte mal an den souveränsten Gesprächspartner, dem du jemals begegnet sind. Was hat dieser Gesprächspartner bei eurer letzten Begegnung zu dir gesagt? Und was noch viel interessanter ist: WIE hat er es gesagt? Was war es, womit er sich einen festen Platz in deiner Erinnerung gesichert hat?Ein toller Spruch meines Mentors passt, wie die Faust aufs Auge:

"Dein Gesprächspartner erinnert sich meistens nicht was du gesagt hast. Jedoch erinnert dein Gegenüber sich daran, welches Gefühl du in ihr bzw. ihm ausgelöst hast."

In den meisten Fällen können wir uns nicht an den genauen Wortlaut erinnern. Jedoch erinnern wir uns definitiv an die **Wirkung** und die damit verbundene **Emotionen**.

Sprache weich gespült

Mittlerweile erkenne ich "weich denkende" Menschen an ihrer Sprache. Ein sehr präzises Werkzeug, mit dem ich in sekundenschnelle feststelle, wie unsicher ein Mensch ist. Aber woher kommt es, dass die meisten Menschen eine weichgespülte Sprache sprechen?

Die Antwort liegt grundlegend in unserer Erziehung der Eltern: sei brav und höflich - dazu kommen vermehrt Phänomene der sprachlichen Erziehung wie "Political Correctness". Vor einigen Monaten besuchte ich spaßeshalber ein Seminar, in dem wir lernen uns "ordentlich" zu beleidigen und zu beschimpfen. Ein sehr amüsanter Workshop bei dem ich wirklich einige beleidigende Worte aus meinen Wortschatz gestrichen habe. Bitte verstehe mich an dieser Stelle nicht falsch. Ich bin ein Verfechter höflicher Umgangsformen und respektvollem Miteinander. Die Menschen neigen dann dazu, passiv und defensiv zu sprechen. Die Wirkung auf deinen Gegenüber? Nicht sonderlich vertrauenswürdig und selbstsicher. Schlimmer noch: Dein Gesprächspartner spürt deine

Unsicherheit und nutzt deine devote Haltung sogar für seinen Vorteil oder reißt das Szepter in seine Hand. Die Gesprächsführung liegt dann nicht mehr bei dir. An dieser Stelle ist es schwierig, wieder in das Verkaufsgespräch zu finden. Besonders im B2B-Vertrieb brauchst du eine dominante und selbstsichere Gesprächsführung.

Mit einer weichen Sprache verlernen wir, eine **klare, direkte und verbindliche Kommunikation** zu führen. Besonders im Verkauf oder bei Deals sorgt das für ein fatales Ergebnis. Bevor es weitergeht, will ich dir jetzt ein paar exzellente Beispiele liefern:

"Ich würde sagen, dass ..."

"Ich wollte mal nachfragen ob, ..."

"Eigentlich liebe ich dich, ..."

"Könnten Sie mich bitte mit Herrn Mayer verbinden?

"Man könnte sich ja folgende Lösung anschauen..."

"Ja, aber..."

Wie wirken diese Sätze auf dich? Schmunzelst du bereits in dich hinein oder erkennst du dich in manchen Sätzen wieder? Wenn ich mit meinen Seminarteilnehmer im Verkaufstraining echte Telefonat mit potentiellen Kunden führe, dann mache ich mir eine Strichliste. Im Schnitt finde ich 10 bis 15 Weichmacher im Gespräch von 3 bis 5 Minuten -

weichgespülte Sprache eben. Meine Teilnehmer sind vollkommen verblüfft, wie weich sie wirken.

Ob im geschäftlichen Kontext, bei der Sozial-Akquise an der Bar oder im Business-Meeting, es gilt immer die gleiche Regel. Starke Menschen benutzen ausdrucksstarke Worte! Entsprechend musst du deine Sprache verbessern und dominanter wirken. Denn Gewinner wollen mit Gleichgesinnten kommunizieren.

Gespräch lebendiger machen

Menschen kaufen Emotionen und das, was das Produkt für sie macht. Sie sind nicht an einem neuen Auto, einer neuen Maschine oder einer neuen Software interessiert. Bitte versteh mich nicht falsch, es geht hier nicht um sinnloses Marketing-Blabla. VIelmehr will ich dir in diesem Kapitel wertvolle Adjektive mitgeben, die dein **Verkaufsgespräch emotional aufwerten** und gleichzeitig überzeugend wirken. Die spannende Frage ist also: Warum wirken emotionale Adjektive?

Grundlegend wissen wir, dass Menschen in der Regel nicht logisch rational sondern emotional und nach "Gefühl" entscheiden. Deswegen konzentrieren wir uns ab jetzt darauf, deinen **effektiven Pitch**, deine überzeugende Produktpräsentation und dein kraftvolles Auftreten zu verbessern. Mit Adjektiven verknüpfen Menschen einen emotionalen Zustand - positiv wie negativ. Mein Fokus liegt darauf, die positiven Worte zu benutzen. Mit wohlklingenden Worten erzeugst du einen positiven Zustand im Kopf deines Gesprächspartners.

Im Anhang findest du eine wertvolle Liste mit über 160 ausdrucksstarken Adjektiven. Am besten druckst du dir diese Sammlung aus und wählst erstmal 10 bis 15 Worte aus, die du häufiger nutzen willst. Diese streust du dann Schritt für Schritt in deine Verkaufsgespräche ein - aber vorsicht: die Dosis macht das Gift.

4.8.) Maluma und Takete

Wie du bereits gelernt hast, sind deine Worte ein wichtiges Instrument, wie dich dein Kunde wahrnimmt - insbesondere in der Kaltakquise am Telefon. Dort hast du nicht die Möglichkeit, mit deinem Adonis-Körper oder deinem Vaseline-Lächeln optisch zu beeindrucken. Wir konzentrieren uns in dieser Lektion darauf, WAS du sagst. Sowohl am Telefon, als auch im persönlichen Gespräch wirken bestimmte Worte wesentlich positiver als andere. Wolfgang Köhler, hat vor einiger Zeit ein interessantes Experiment aufgestellt. Darin fand er heraus, dass es hart klingende Worte und im Kontrast dazu, weich klingende Worte gibt. Der Kommunikatiosnexperte hat gleichsam eine Liste dazu erstellt. Was bedeutet das nun für dich als Verkäufer?

Aufgabe
Bevor du jetzt mit das Training fort führst, machen wir eine spannende Übung. Zuerst zeichnest du ein Bild, was du mit dem Wort "MALUMA" verbindest.

Und nun visualisiert du dir ein Bild zu dem Wort "TAKETE" vor und malst entsprechend dein Bild dazu auf ein Blatt Papier.

Wie sehen deine Ergebnisse aus? Welche Unterschiede fallen dir auf?

Es gibt Worte die positiv in den Ohren deines Gegenübers klingen. Insbesondere im Verkauf, sei es B2B oder B2C, gibt es allerdings einige allergische Wörter.

Takete - Wörter die NICHT verkaufen	**Maluma - Wörter die Verkaufen**
Kosten	Investition
Bezahlen	Sicherheit
Unterschreiben	Verstehen
Sorgen	Garantie
Verlieren	Sparen
Verkaufen	Wahrheit
Entscheidung	Vertrauen
Schwierigkeiten/ schwierig	Geborgenheit
Vertrag	Erwiesen
Verbindlichkeit	Leicht
Versuchen	Einfach
Schmerzen	Komfort
Tod	Ergebnisse
Preis	Investment
Hart	Gewinn
Verpflichtung	WERThaltiger Nutzen
Versagen	Glücklich
Unmöglich	Liebe
Preiserhöhung	Mehrwert
Müssen	Geld
Nicht	Profit
Zuständig	Spaß
Termin	Preisanpassung
Sorgen	Gute Wahl
Telefonat	Persönliches Gespräch
Handel	Gutes Geschäft/ günstige Gelegenheit

Viele Wörter sind bei Interessenten, Geschäftspartnern oder Kunden negativ geprägt. Das menschliche Gehirn speichert und assoziiert mit den Worten ein Gefühl oder einen emotionalen Zustand. In den meisten Fällen ist es dem Menschen gar nicht bewusst und im Unterbewusstsein baut sich plötzlich Widerstand in Form eines "unguten" Gefühls auf. Und genau diesen Mechanismus wollen wir mit der "Maluma-Sprache" unterbinden!

4.9.) Menschen und Kaufmotive

Wann hast du in letzter Zeit etwas gekauft? Kannst du dich genau daran erinnern, warum du diesen Gegenstand oder die Dienstleistung gekauft hast? Warum hast du zum Beispiel in diesen Videokurs investiert? Welcher Auslöser (Trigger) hat bei dir gewirkt? Den meisten Menschen sind sich ihrer Kaufmotive nicht bewusst. Es leben knapp 8 Milliarden Menschen auf diesem Planeten. Jedoch sind die Kaufmotive ähnlich wie die Körpersprache universell und entsprechend existieren 13 Gründe, warum Menschen ein Produkt oder eine Dienstleistung kaufen. Für dich als Verkäufer sind diese Motive die Basis deiner Verkaufsstrategie. Deswegen entschlüsseln wir gemeinsam die 13 Kaufmotive, warum sich deine Kunde für dein Produkt und/oder deine Dienstleistung entscheiden.

Ein recht bekannter sozio-psychologischer Wissenschaftler namens Abraham Maslow entwickelte aus einer Vielzahl menschlicher Bedürfnisse eine pyramidenartige Struktur. Dabei gehen wir von der untersten Ebene aus, den physiologischen Bedürfnissen wie Nahrung, Schlaf oder etwas zu trinken. Wenn diese Ebene erfüllt ist, dann steigen wir sozusagen eine Eben auf. Wenn dann die Bedürfnisse an Sicherheit abgedeckt sind, erreichen wir die nächst höhere Ebene der sozialen Bedürfnisse. Über die vierte Ebene der individuellen Bedürfnisse erklimmen wir die Spitze der Pyramide.

4.10.) Die top sieben Kaufmotive

Nr. 1 Gewinnstreben und Sparsamkeit

Geld sparen, Schnäppchen machen und Rabatten hinterher jagen. In unserer westlichen Gesellschaft streben die Menschen danach, dieser Freizeitbeschäftigung hinterherzugehen. Mittlerweile gilt diese Konditionierung nicht nur für den privaten Bereich sondern auch in der Geschäftswelt (B2B). Menschen haben ein grundlegendes Bedürfnis, so viel wie möglich zu sparen. Besonders in der Telefonakquise musst du dich im Verkauf 4.0 auf Preisverhandlungen einstellen. Meine knallharte Devise und gleichzeitige Empfehlung: Die Investition ist fix und mein Preis ist nicht verhandelbar - Ende. Wenn der potentielle Kunde diese Investition nicht aufbringen kann, dann ist er eben kein qualifizierter Kunde. Wenn du dich nämlich einmal auf Preisverhandlungen einlässt, dann verkaufst du dich, dein Produkt oder Deine Dienstleistung unter wert - eine schlechte Gewohnheit und diese Art der Routine schleicht sich leider schneller ein als du dagegen lenken kannst. Preisverhandlungen und Rabatte sind eine grundlegende Mindset-Frage.

Reizwörter:

- ☐ Kostenlos, gratis, wirtschaftlich, sparsam, umsonst, Vorteil, sofort, es lohnt sich, maximiert, steigert, reduziert, minimiert, erspart, senkt, erhöht die Anzahl deiner Kunden

Beispiele:

- ☐ Mit unserer Software sparen Sie 10% Ihrer Betriebskosten ein
- ☐ Sie wollen sparsamer unterwegs sein? Dann testen Sie vollkommen kostenlos eines unserer neuen Modelle

Fragen:

- ☐ Wie können deine Kunden mehr Geld mit deinem Produkt oder Dienstleistung verdienen?
- ☐ Fallen bei deinem Kunden aktuelle Ausgaben weg?
- ☐ Verliert dein Kunde etwas, wenn er nicht in dein Produkt und / oder Dienstleistung investiert?
- ☐ Was gewinnt dein Kunde durch deine Dienstleistung/ dein Produkt?

Nr. 2 Bequemlichkeit und Einfachheit

Der Mensch ist ein Gewohnheitstier und verfällt schnell in den Sumpf der Faulheit und in die Fänge der Bequemlichkeit. Was denkst du, warum "schnell-reich/ sofort abnehmen attraktiver auf Frauen/ Männer wirken" so wunderbar funktionieren. Die Verkäufer richten sich speziell auf die Kaufmotive der Bequemlichkeit und Einfachheit. Und diese Zielgruppe ist riesig. Jeder von uns ist etwas faul und bequem. Deswegen wirken diese äußeren Reize entsprechend gut. Besonders wenn es sich bei dir um einen B2C Geschäft handelt musst du deinem Kunden den Prozess so einfach wie möglich machen. Digitale Großhändler wie Amazon oder Alibaba gehen diesen Schritt bereits in Perfektion. Bequemlichkeit wird aber auch bei dem Kauf eines Produkts oder einer Dienstleistung eine wichtige Rolle als Kaufmotiv ein. Du musst in deiner Nutzenargumentation den Begriff der EInfachheit und Bequemlichkeit deutlich auf den Punkt bringen. Dein Kunde spart durch ein paar einfache Veränderungen wertvolle Zeit? Genau dann triggerst du ein potentielles Kaufmotiv und erhöhst deine Abschlussrate. Warum? Der Mensch legt es seit Beginn der Evolution darauf an, bequem seine Ziele zu erreichen. Oder warum denkst du, erfinden wir täglich neue Werkzeuge und Erleichterungen für unser Leben? Folge diesem Trend und appelliere an die Bequemlichkeit deiner Zielgruppe.

Reizwörter:

- ☐ bequem, einfach, unkompliziert, sparen, ersparen, Zeit sparen, leicht, Erleichterung, entlastet Dich, erleichtert dir, vereinfacht dir, hilft dir

Beispiel:

- ☐ Fahrstühle, Automaten, "kurze Wege" und Abkürzungen, unbürokratisch

Fragen:

- ☐ In welcher Form steigert das Produkt oder deine Dienstleistung den Komfort, die Bequemlichkeit oder Einfachheit für deinen Kunden?
- ☐ Welchen positiven Einfluss hat dein Produkt für deinen Kunden unter dem Aspekt der Schönheit und Ästhetik?
- ☐ Wie verbessert dein Produkt oder deine Dienstleistung die Atmosphäre und/oder das Raumklima?

Nr. 3 Sicherheit

Nach der Bedürfnispyramide von Maslow ist das Streben nach Sicherheit auch ein wesentlich Grundbedürfnis der Konsumenten. Deswegen lassen sich auch Versicherungen in unserem Land sehr gut verkaufen. Sicherheit ist ein Gefühl, der individuell sehr unterschiedlich bewertet wird. Studien haben festgestellt, dass Frauen ein deutlich höheres Sicherheitsbedürfnis besitzen als Männer. Deswegen funktioniert das Kaufmotiv der Sicherheit beim weiblichen Geschlecht in der Argumentation deutlich besser.

Reizwörter

- ☐ Garantie, stabil, sicher, Sicherheit, Gütesiegel, keine Verletzungsgefahr, keine Lieferengpässe, Ausfallsicherheit, Kontrolle, Planbarkeit, Vorhersehbarkeit, Service, Vor-Ort-Service, Ersatzteilgarantie, gibt dir Sicherheit, garantiert dir, gewährleistet dir

Beispiele aus der Praxis

- ☐ Sicherungsanlagen, Sturzhelm, Versicherungen, Kinderspielzeug, Kindersicherungen (Internet und im Haus)

Fragen

- ☐ Warum fühlt sich dein Kunde sicherer durch das Produkt oder die Dienstleistung?
- ☐ Welche Unannehmlichkeiten (Verluste, Schmerzen etc.) erleidet der Kunde, wenn er dein Produkt oder deine Dienstleistung nicht in Anspruch nimmt?

Nr. 4 Soziales Ansehen / Prestige / Status

Warum kaufen sich Menschen teure Autos, funkelnde Uhren oder pompöse Villen für mehrere Millionen? Ganz einfach: viele von brauchen Bestätigung von außen und die Anerkennung. In der Nachbarschaft, in der ich groß geworden bin nahm ich ein interessantes Phänomen wahr. Der Nachbar links von uns kaufte sich ein neues Auto, die beste Ausstattung und alle Extras. Ein paar Wochen später stand bei unseren Nachbarn zur Rechten ebenfalls ein Neuwagen vor der Tür. Hochglanz, mit allem Zipp und Zapp. Kein Zufall sondern ein Wettrüsten in der Nachbarschaft - Prestige auf Pump. In unserer Gesellschaft haben Status und Besitz einen hohen Stellenwert. Und genau dieser Aspekt ist ein “wunder Punkt”. Wir wollen den anderen gefallen, streben nach Anerkennung und kaufen den sozialen Status mit materiellen Dingen und teuren Statussymbolen.

Was bedeutet diese Erkenntnis für deine Verkaufsstrategie? Wertschätze deinen Kunden schon beim Verkaufsprozess mit aufrichtiger und authentischer Aufmerksamkeit und Anerkennung. Dein Kunde wird sich automatisch wohler bei dir fühlen und dich mit einer positiven Emotion verknüpfen. Biete deinen Kunden das besondere “Etwas”. Geh die Extrameile und biete Sonderanfertigungen oder exklusive Angebote an. Dadurch fühlt sich dein Kunde bei dir gut und du weißt: positive Emotionen lenken die Kaufentscheidung!

Reizwörter

- ☐ besonders, der erste in ihrer Gegend, Qualität, Sonderanfertigung, speziell, Anerkennung, limitierte Auflage, hebt dich von anderen ab, steigert dein Ansehen, bringt dir, erhöht bei dir

Beispiele aus der Praxis:

- ☐ Der Kunde will das Beste. Er will Anerkennung und Bestätigung von Außen. Luxusmarken, Qualität, schneller Ergebnisse, der Beste sein

Fragen:

- ☐ Wodurch gewinnt dein Kunde dank deines Produktes oder deiner Dienstleistung an Ansehen und Status?
- ☐ Worin liegt die Einzigartigkeit für deinen Kunden bei deinem Produkt?
- ☐ Bei wem kann dein Kunde Anerkennung und Träume erwecken, wenn er im Besitz deines Produkts ist?
- ☐ Welchen Trend verpasst dein Kunde möglicherweise, wenn er das Produkt nicht erwirbt?

Nr. 5) Streben nach Kontakten

Warum sind soziale Netzwerke so unglaublich erfolgreich? Weshalb erfreuen sich Dating-Apps wie Tinder und co. einer extrem großen Nutzergemeinschaft? Ganz einfach, weil sie ein weiteres Grundbedürfnis der Menschen digital erfüllt. Menschen sind in der Lage, sich jederzeit und überall mit ihren Smartphones digital zu verbinden und treten dadurch in Kontakt zur Außenwelt.

Reizwörter:

- ☐ Gleichgesinnte, Austausch, Gruppenaktivitäten, Team-Maßnahmen, Zusammenarbeit, mit Menschen arbeiten, reden, kommunizieren gemeinsam, vereint, Zugehörigkeit, ist bewährt

Beispiele aus der Praxis:

- ☐ Zugang zu einer exklusiven Community
- ☐ Gewährleistet den Austausch mit Gleichgesinnten

Fragen:

- ☐ Welche Menschen kann dein Kunde durch dein Angebot kennenlernen?
- ☐ Wie könnte sich der Austausch mit anderen auf deinen Kunden auswirken?
- ☐ Wie wirkt sich das Produkt oder die Dienstleistung auf das soziale Umfeld aus?

Nr. 6) Ökologisch / Umwelt / Gute Taten

Spätestens nach Greta Thunberg und "Fridays for Future" sind viele Menschen ökologischer und umweltbewusster eingestellt. Egal ob B2B oder B2C, das ökologische Image eines Unternehmens wird in Zukunft immer wichtiger. Deswegen werden Unternehmen deren Produkte fair oder nachhaltig hergestellt werden deutlich positiver wahrgenommen.

Reizwörter:

- ☐ ökologisch, nachhaltig, gesund, fairtrade, ermöglicht dir eine ökologische / nachhaltige, grüne Technologie, emissionsfrei, vegan, vegetarisch, grün

Beispiele aus der Praxis

- ☐ Dieses Fahrzeug produziert wenig Emissionen
- ☐ Dieser Kaffee wurde ökologisch angebaut und fair gehandelt

Fragen:

- ☐ Wie fair wurde das Produkt hergestellt?
- ☐ Wie fördert das Produkt die Gesundheit
- ☐ Inwieweit schädigt das Produkt die Umwelt nachhaltig?

Nr. 7) Technische Neuerungen

Es gibt Menschen, die campieren tagelang auf der Straße. Sie nehmen sich Urlaub und nehmen kalte Nächte auf dem Bürgersteig in Kauf. Sie bezahlen sogar andere Menschen, die ihnen einen Platz in der Warteschlange freihalten. Und das nur aus einem Grund: das neueste IPhone in der Hand zu halten. Es gibt mittlerweile viele Menschen, die immer das Neuste vom Neuen besitzen wollen. Dieses Kaufmotiv überschneidet sich natürlich auch mit dem Streben nach Status. Entsprechend profilieren sich Unternehmen die einen innovative Wege gehen gleichzeitig mit dem Image, es sich auch leisten zu können, diese Dinge umzusetzen.

Reizwörter:

- ☐ aktueller Stand, Stand der Technik, bietet dir, gibt dir die Möglichkeit, modern, Veränderung, etwas Neues zu machen, auf dem Laufenden, einer der ersten sein, Pionier

Beispiele:

- ☐ Eine digitale Infrastruktur zur automatischen Gewinnung von Neukunden
- ☐ Künstliche Intelligenz und Machine Learning für eine effizientere Produktion
- ☐ Das neueste Smartphone oder “Wearable”

Fragen:

- ☐ Wie wirkten sich die Innovationen auf die Leistung des Unternehmens aus?
- ☐ Warum sollten das Unternehmen der innovative Vorreiter dieser Branche sein

Kaufmotive abfragen leicht gemacht

Natürlich kannst du plump deine Kaufmotive abhaken und Fragen: Sind Sie eher der Sparsame Typ oder ist Ihnen Sicherheit wichtig? Ja, kannst du machen, musst du aber nicht. Deswegen gebe ich dir die wichtigsten Fragen im B2B-Vertrieb mit. Dadurch erkennst du die Kaufmotive deiner Interessenten:

- ☐ „Herr Schmidt, was wollen Sie konkret mit dem Produkt / der Dienstleistung erreichen?
- ☐ „Frau Schneider, was ist für Sie besonders wichtig, wenn Sie einen neuen Lieferanten für Ihr Unternehmen auswählen?"
- ☐ „Mal angenommen Frau Schmidt, sie bekommen alles was Sie sich wünschen, was würde dann passieren?"
- ☐ „Aus welchen Gründen haben Sie zuletzt gekauft? Welches konkreten Ergebnisse brachte Ihnen diese Investition?"
- ☐ „Was müsste das "perfekte" Angebot aussehen, damit wir ab heute gemeinsame Wege gehen können?

Ab jetzt heißt es Klappe zu, Ohren spitzen und fleißig Notizen machen! Jetzt kannst du konkrete Reizwörter und Vorstellungen ableiten und damit das Kaufmotiv des Kunden auslösen. Viel Erfolg und fette Beute!

5.) Die Kunst der Kaltakquise

5.1.) Telefonleitfaden

Fast alles was in dieser Welt passiert ist gescriptet. Wir leben in einer Matrix aus Texten, Algorithmen und Leitfäden. Hochrangige Politiker, Nachrichtensprecher der täglichen Schlagzeilen oder Top-Verkäufer. Keiner überlässt seinen Erfolg dem Zufall. Deswegen nutzen Menschen die im öffentlichen Interesse stehen eine Stütze - ein Skript. Das gesprochene Wort muss nicht mehr "organisiert" werden und somit werden Ressourcen für andere Dinge frei. Damit erzielt der Protagonist eine bewusste Wirkung bei seinen Zuhörern. Das einstudierte Skript läuft automatisch ab. Wird dir langsam bewusst, warum ein Skript wichtig ist? Es hat nichts damit zu tun, den Text stumpf abzulesen wie ein indisches Call-Center. Du musst wissen WAS in deinem Skript steht. Das Skript ist deine Checkliste, mit der du in Zukunft nichts mehr vergisst.

Ich nutzte diese Methode bereits als Schüler und später als Student. Selbst im Abitur und meiner Abschlussprüfung habe ich mir Spickzettel geschrieben und natürlich auch benutzt. Früher litt ich unter "Prüfungsangst" - also der vermeintlichen Angst etwas zu vergessen oder Fehler zu machen. Meine Lösung damals: der Spickzettel als eine Art Gedächtnisstütze. Dank dieser Strategie schaffte ich es früh geschafft, diese "Angst" loszuwerden. Da ich damals noch keine Kenntnisse über Psychologie hatte, handelte ich intuitiv logisch und baute mir meine auf mich zugeschnittene Lösung - mit zufriedenstellenden Resultaten. Ich erreichte sowohl in der Schule und im Studium mit weniger Bulimielernen und dafür smarten Lösungen ganz gute Ergebnisse. Diese Skripte geben mir Sicherheit. Und wenn du eine Wirkung im Verkauf haben musst, dann ist es Selbstsicherheit.

Aber was hat das jetzt alles mit dem Telefonleitfaden zu tun? Das Geheimnis der Topp20%-Verkäufer: Sie benutzen ALLE ein professionell ausgearbeitetes Skript. Sie nutzen diesen Leitfaden als Stütze und nutzen die positiven Effekte eines strukturieren Fahrplans für die erfolgreiche Telefonakquise. Genau wie damals in der Schule federst du mit einem gut vorbereiteten Leitfaden unbequeme Fragen ab. Damit wappnest du dich gegen das flaue Gefühl im Magen und bewegst dich konzentriert und mit voller Überzeugung durch den Verkaufsprozess.

Der Aufbau eines strukturierten Telefonleitfadens

1) Begrüßung
2) Strategien für die charmante Überwältigung der Palastwache
3) Der Perfekte Einstieg: Sprechphrasen damit du mit Entscheidern ins Gespräch kommst
4) Bedarfsanalyse und qualifizierte Fragen
5) Einwandbehandlung
6) Terminvereinbarung
7) Die nächsten Schritte besprechen
8) Gesprächsstruktur beim Upsell / Crosssell

5.2.) Die 5 Gründe für einen Telefonleitfaden

Nr. 1 Professionalität im Verkaufsprozess

Immer wieder erlebe ich es in meinen Live-Trainings, dass die Vertriebsmitarbeiter sehr viel Schwafeln. Sie verschwenden damit wichtige Zeit und verspielen damit die Aufmerksamkeit des Gesprächspartners - Schachmatt. Bevor das lebhafte Verkaufsgespräch beginnt, hat der "ungescriptete" Verkäufer bereits verloren. Mit einem sauber ausgearbeiteten Skript passiert dir das nicht mehr.. Du weißt WAS du WANN sagst und gehst deine mentale Checkliste ab. Du fokussierst deine ganze Energie auf einen Punkt: das Gespräch so kurz und effektiv wie möglich zu halten. Damit holst du dir die Kontrolle im Verkaufsgespräch. Du wirkst professionell, weil du zielstrebig bist und direkt auf den Punkt kommst.

Wenn es dein Ziel ist, deine Verkaufsgespräche zu verbessern, deine Abschlussquoten zu erhöhen und letztlich deinen Erfolg zu pushen, dann wird es jetzt höchste Zeit, dich an die Erarbeitung eines Telefonleitfadens zu machen.

Nr. 2 Checkliste für qualifizierende Fragen

Stell dir vor, ein Pilot vergisst die Füllanzeige seiner Kerosintanks zu prüfen und der Flug geht über den großen Teich in die USA. Das darf nicht passieren und wird es auch nicht. Jeder Pilot arbeitet vor dem Start seine Checkliste ab. Als ich damals auf dem Jumpseat einer Maschine der Lufthansa von Frankfurt nach Genf geflogen bin, durfte ich diese Prozedur live miterleben. Mit dieser Liste stellen die Piloten sicher, dass es keine Komplikationen gibt und alle wichtigen Instrumente gecheckt sind. Genau diese Aspekte berücksichtigt der Telefonleitfaden, so dass du eine sanfte Landung machst und den Abschluss machst. Hier ein paar Beispiele für qualifizierte Fragen im Verkaufsgespräch:

- ☐ Wie viele **Entscheider** sind in dem Projekt involviert? Welche sind das?
- ☐ Woher kommt das **Budget**, das für dieses Projekt ausgegeben wird?
- ☐ Gibt es weitere **Angebote**?
- ☐ Nach welchen weiteren **Lösungen** sucht das Unternehmen?
- ☐ Wie viele Verkäufer sind im Unternehmen beschäftigt? Wie viele sind im Innendienst und wie viele im Außendienst?

Je nachdem wer dein Zielgruppe und was dein Angebot ist, unterscheiden sich die Fragen im Verkaufsgespräch. Leider werden die wichtigsten dieser Fragen von vielen Verkäufer NICHT gestellt - denn in der "Hektik" des Gesprächs werden diese einfach vergessen. Warum? Richtig! Weil sie keine Checkliste benutzen.

Nr. 3 Einfachheit und Entspannung

Die Verkaufswelt des 21 Jahrhundert erinnert oft ein ein Improvisationstheater - mehr schlecht als recht. Deswegen rate ich dir, funktionierende Skripte zu benutzen. Ein vorgefertigtes Skript macht es Dir im Verkaufsgespräch leichter, den roten Faden zu folgen. Du bist gelassener und entspannter. Damit reguliert deinen Stresspegel und dein Kopf ist frei für das Verkaufsgespräch. Du führst das Gespräch automatisch nach gleichem Ablauf und weißt genau, welche Schritte folgen. Besonders wenn es um die Einwandbehandlung geht bist du mit einem vorgefertigten Skript bestens gerüstet.

Nr. 4 Konzentration auf den Gesprächspartner

Ein wertvoller Vorteil für dich: Du musst nicht überlegen was du sagst, weil du bereits weißt, was als nächstes kommt. Genau deswegen hörst du besser hin und konzentrierst dich vollkommen auf das Wichtigste - deinen Kunden. Du verstehst seine Wünsche und Bedürfnisse, weil dein Skript dir vorschreibt, dass du danach fragen musst. Der Leitfaden ist deine Checkliste für ein nahezu perfektes Verkaufsgespräch. Mit den richtigen Fragen öffnest du deinen Gesprächspartner und weist für den Abschluss ganz genau, wie du deine Argumentation aufbauen musst. Dein Fokus liegt nicht auf das was du sagen willst, sondern auf die Antworten und Aussagen deines Gesprächspartners!

Nr. 5 Selbstvertrauen durch Perfektion

Mit der Verkaufspraxis und dem kugelsicheren Skript bist du irgendwann ein richtiger Verkaufsprofi. Wenn du einen Telefonleitfaden benutzt, dann trainierst du jeden Tag mit der gleichen Methode. Dieses Training führt unweigerlich zu deinem persönlichen Vertriebserfolg. Nachdem du hunderte oder tausende Anrufe gemacht hast, geht deine Gesprächsführung, deine Einwandbehandlung und die Abschlusstechniken in Fleisch und Blut über. Du musst nicht mehr darüber nachdenken. Dadurch baust du ein starkes Selbstbewusstsein auf. Du weißt ganz genau, dass immer wieder die selben Einwände kommen - denn diese haben sich in den letzten 1000 Jahren nicht großartig verändert.

Außerdem ermöglicht es dir ein Telefonleitfaden, dich auf deine Stimme, deine Betonung und deine Geschwindigkeit zu konzentrieren. Mit diesen Techniken erweckst du deine Verkaufsgespräche mit einer einzigartigen Energie.

Trainiere diese Methoden ab jetzt täglich und du steigst mit deinen Erfolgen immer weiter auf.

5.3.) Rechtliche Grundlagen

Bei der Kaltakquise im B2C werden gezielt Privatkunden akquiriert. Das Gesetz gegen unlauteren Wettbewerb (UWG) schützt Privatleute. Deshalb ist es notwendig, eine **rechtssichere Werbeeinwilligung** über die sogenannte Opt-In-Methode zu erhalten. Doch die Verbraucher kennen
meistens die Rechtslage nicht. Also wo kein Kläger, da kein Richter. Im Gegensatz dazu ist es im B2B-Vertrieb erlaubt Geschäftskunden über die telefonische Kaltakquise zu kontaktieren. Die Rechtsprechung besagt, dass es eine "mutmaßliche Einwilligung" geben muss. In einfache Worten bedeutet es, dass deine Produkte und Leistungen unmittelbar dem Geschäftsmodell des Angerufenen dienen muss. Aber ich persönlich will auf den rechtlichen Teil weniger rumreiten.

Fazit: Das ganze Thema ist aktuell noch eine Sache der Auslegung und bietet Interpretationsspielraum. Bisher hat mich noch keiner dafür verklagt oder sich über das nette Gespräch beklagt.

5.4.) Die Psychologie der Palastwache

Welche Bedeutung hat eine Vorzimmerdame, Sekretärin oder Palastwache für den Geschäftsführer? Gemeinsam werden wir einen einfachen Einstieg erarbeiten, mit dem es dir in Zukunft leichter von der Hand geht, die Palastwache auf deine Seite zu ziehen. Dabei möchte ich dir folgende Vorteile vor Augen führen:

- ☐ Es wird für dich wesentlich leichter, mit den gewünschten Gesprächspartnern und Entscheidern in **Kontakt** zu kommen
- ☐ Dadurch erhöhst du automatisch deine Rate für **Terminvereinbarungen** - der erste Schritt zum erfolgreichen Abschluss ist also getan
- ☐ Du baust eine **Vertrauensbasis** zur rechten Hand des Entscheiders auf. Wenn du bei dieser Person ein Stein im Brett hast, dann steigerst du das Vertrauen zwischen dir und deinem potentiellen Geschäftspartner. Was denkst du, bei wem wird sich der Geschäftsführer/ Entscheider über dich informieren?
- ☐ Deine Chancen erhöhen sich, mögliche **Entscheidungskriterien** und **Begründungen** zu erhalten. Denn die Sekretärin ist gleichzeitig Vertrauensperson und weiß in der Regel sehr gut über ihren Chef bescheid.

Aber zurück zur aktuellen Situation: Viele Menschen haben noch das stereotypische Bild von der Kaffee kochenden, am Kopierer stehenden grauen Maus mit Brille im Kopf. Und zu diesen Menschen gehören natürlich auch einige Verkäufer. Unser Volksmund behauptet, dass hinter einem starken Mann eine starke Frau steht - beruflich wie privat. Außerdem etablieren sich im Zeitalter der Frau auch immer mehr Frauen als Geschäftsführer. Ob Geschäftsführer oder Geschäftsführerin, beide sind im unternehmerischen Kontext sehr stark im Alltag eingespannt und wollen deswegen nur mit wichtigen Dingen konfrontiert werden. Der erste Punkt ist also: Du musst in der Lage sein, dass dein Anliegen in den Augen der Palastwache für den Geschäftsführer als WICHTIG erscheint.

Aber davor gibt es noch einen wichtigen Schritt. Bevor du dich also als wichtiger Gesprächspartner profilierst musst du auf psychologischer Ebene noch eines beachten: Mensch will respektiert und gewürdigt werden. Am Anfang jeden Gespräches ist es deine Pflicht, die Person mit voller Aufmerksamkeit zu würdigen. Dazu folgende Praxisbeispiel:

Gesprächspartner: “Firma XY Technologies GmbH, Sie sprechen mit Frau Meyer.”

Die meisten Verkäufer fallen hier bereits negativ auf: “Guten Tag, hier spricht Andreas Webers von der Firma XY aus München.”

Fällt dir etwas auf? Genau. Der Esel nennt sich immer zuerst! “IAAAAA”

Also fassen wir die wichtigsten Punkte nochmal übersichtlich zusammen, damit du in Zukunft zu deinen Gesprächspartner durchgestellt wirst:

a) **Ansprache** - egal ob Assistenz, Mitarbeiter oder Telefonzentrale - merke dir den Namen und spreche die Person mit Namen an
b) **Wichtigkeit** und **Relevanz** - der erste Eindruck zählt und du musst diese beiden Punkte erfüllen.
c) **Selbstbewusster** und zielorientierter **Auftritt** - Assistenten besitzen eine sehr gute Menschenkenntnis und können "Flachpfeifen" bereits frühzeitig erkennen.
d) **K.I.S.S.** - Keep it Short and Simple - in der Kürze liegt die Würze. Erzähle nicht deine Lebensgeschichte am Telefon. Komm auf den Punkt
e) **Höflichkeit**: Bitte und Danke haben nichts mit Schwäche zu tun.

5.5.) Kaltakquise - Die Palastwache

“Sie sind mir aber eine hartnäckige Palastwache Frau Meyer - Herr Schneider hat bei Ihnen eine sehr gute Wahl getroffen.” - kurzes Schweigen und danach hörte ich ein freundliches Lachen am anderen Ende der Leitung.

Du denkst jetzt vielleicht, dass ich verrückt bin. Wie kann man einer Vorzimmerdame diesen Spruch durchs Telefon zu drücken? Einer meiner Lieblingssprüche lautet: “Den Mutigen gehört die Welt.” Der Erfolg zeigt sich eben dadurch, wenn du mit manchmal lockeren Sprüchen an der fleischgewordenen Firewall, den Treppenterrier-Schutz oder der Palastwache vorbeikommen willst. Ich hatte damals Erfolg und brachte die gute Frau völlig aus dem Konzept. Denn eine Aussage mit diesem Kaliber rechnen die meisten Palastwachen nicht. Viele Verkäufer sind einfach viel zu höflich und trauen sich nicht zu, einen anderen Weg zu gehen als den “Knigge-Style”. Menschen mögen Komplimente. Aber darüber hinaus lieben es Menschen zu lachen. Und genau das ist ein kleines und doch erfolgreichen Geheimrezept. Du musst auffallen, anders sein: Trau dich - nicht verbunden bist du schon. Und eben dieses Mindset kannst du positiv dafür nutzen, einen flotten aber nicht anmaßenden Spruch durch die Leitung zu schwingen.

Bleiben wir erstmal bei den guten Basics. Es gibt ein paar Grundregeln wie du am einfachsten an der Palastwache vorbeikommst:

- ☐ Sei **bestimmend** und kein Kriechtier
- ☐ **Hartnäckigkeit** ist dein Motto
- ☐ Fasse dich **kurz** und spar dir das Storytelling
- ☐ Nutze **persönliche Ansprache** (auch die Vorzimmerdame hört ihren Namen gerne)

“Schönen guten Tag Frau ASSISTENTIN, hier ist der VORNAME NACHNAME von der XYZ GmbH / AG in STADT - verbinden Sie mich bitte mit dem VORNAME NACHNAME, vielen Dank / Dankeschön.”

Zu 80% kommst du sogar ohne Rückfragen durch. Denn mit diesem hypnotischen Befehl forderst du die Empfangsdame, Assistentin oder Sekretärin überzeugend auf, dich mit deinem Gesprächspartner zu verbinden. Wenn du den Namen nicht verstanden hast, dann sag erstmal wer Du bist. Danach fragst du ganz entspannt nach dem Namen der Palastwache. Notiere dir auch den Namen und falls du ihn nicht richtig verstehst, dann lass ihn dir buchstabieren. Warum? Du setzt das Signal, dass du auch respektvoll mit ihr als Gesprächspartner umgehst, dass es dir um eine persönliche Verbindung geht und dieser kleine Trick baut Vertrauen auf.

Wenn diese Taktik nicht auf Anhieb fruchtet, dann musst du die ersten Einwände der Palastwache geschickt umgehen. Wie du elegant um diese Hürde herum kommst, folgt in den nächsten Schritten...

"Worum geht es?"

In der Regel kommt es doch zu Rückfragen seitens der Assistentin/ Vorzimmerdame. Du antwortest ganz entspannt, dass es um dein Spezialgebiet geht und hängst einfach das Wörtchen "MANAGEMENT" dahinter. Denn womit hat diese Frau nichts mit am Hut? Richtig! Außer der Kenntnis über das Zeitmanagement ihres Chefs hat die Gute absolut nada mit Management-Themen zu tun und das musst du dir bewusst machen. Eine mögliche Antwort deinerseits sieht zum Beispiel wie folgt aus:

Verkäufer "Ja Frau PALASTWACHE, das sage ich Ihnen gerne - es geht ums

- ☐ Vertriebs-Management
- ☐ Software-Management
- ☐ IT-Management
- ☐ Finanzmanagement
- ☐ Sicherheits-Management
- ☐ usw.

Bitte stellen Sie mich zu VORNAME NACHNAME, dankeschön (Frau PALASTWACHE)!"

In der Regel versteht sie deinen dominanten Unterton wird dich durchstellen, da sie mit diesen Themen nichts zu tun hat und es ihre Kompetenz übersteigt.

"Wir haben kein Interesse"

Falls dein starker Auftritt doch keinen Eindruck hinterlassen hat, dann meldet sich jetzt die eine Abwimmelstrategie der Vorzimmerdame mit vier vernichtenden Worten: **"Wir haben kein Interesse."** An diesem Punkt geben leider viele Verkäufer auf und geben sich geschlagen, weil sie an dieser Stelle bereits aufgeben und keinen Kontern in Petto haben. Was willst du darauf auch noch sagen!? Hier ist die Antwort, bei der viele Palastwachen sehr schnell klein beigeben.

Verkäufer: "Ach, Frau PALASTWACHE, das ist interessant. Dann sprechen Sie im Namen von Herrn Geschäftsführer und entscheiden in Ihrem Unternehmen über diese Dinge? Sind Sie die **Entscheidungsträgerin** in solchen Fragen?"

Stille. 21, 22, 23.

Nun muss sich die Palastwache aus ihrem Turm wieder zurück in die Realität holen. Du darfst wetten, dass sie diese Fragen bisher noch nicht gehört hat, da sich viele Verkäufer nicht trauen, sich hartnäckig und mutig gegen den Wind zu stellen.

"Schicken Sie Ihre Unterlagen an info@tralala.de"

In wirklich vielen Fällen wimmelt dich die Vorzimmerdame mit genau diesem Spruch ab. In der Verkaufswelt schicken die meisten Verkäufer entmutigt eine halbherzige E-Mail und dann Tschüssikowski! Es gibt natürlich noch ein paar Methoden, wie du trotzdem einen Termin bekommst.

Überforderungstaktik

"Gerne Frau Meyer, was soll ich denn in die Unterlagen reinschreiben, damit es für Ihre Entscheidung bezüglich Thema XY für Sie relevant ist."

Palastwache: "..."

"Sehen Sie Frau Meyer, damit Herr Schmidt für sich und sein Unternehmen entscheiden kann, welche Vorteile entstehen, benötigen wir ein kurzes Gespräch von maximal 5 Minuten."

Schroffe Papierkorb-Taktik

"Wir suchen keine Brieffreundschaft sondern eine Zusammenarbeit auf Augenhöhe. Und Sie wissen doch, die "info@-Adresse" ist bei vielen Unternehmen die neue Ablage P - wie Papierkorb."

Keine Weiterleitung an den Chef

Wenn es absolut kein Durchkommen für dich gibt, dann hat sich folgende Strategie bewährt. Du gehst auf den Vorschlag ein - dein Haus, deine Regeln.

"Guten Tag Frau Meyer,

wie heute mit Ihnen besprochen die gewünschte Mail an Ihren Geschäftsführer Arthur Schmidt."

<<Guten Tag Herr Schmidt,

im Zusammenhang mit der Minderung der Energiekosten will ich mich mit Ihnen persönlich treffen. Jedoch nur, wenn es für beide Seiten wirklich sinnvoll ist.

Ergebnisse bei anderen Kunden aus Ihrer Branche:

- Reduzierung der Energiekosten um 7%
- Senkung von Steuern und Abgaben um 22%
- Zuschüsse und Fördergelder von bis zu 40% für neue Anlagen

Um zu prüfen, ob diese Ergebnisse ebenfalls in Ihrem Unternehmen möglich sind, schlage ich ein persönliches Telefonat von fünf Minuten vor.

Bitte geben Sie mir über Frau Meyer Bescheid, wann es Ihnen in der kommenden Woche passt.>>"

In der Praxis bekommst du definitiv den ein oder anderen Termin. Du musst eben beharrlich sein und die Extrameile gehen. Es gibt Menschen die schätzen genau das!

"Geschäftsführer ist momentan nicht da"

Du benötigst sicherlich einige Anläufe, damit du deinen Gesprächspartner endlich mal erreichst. Wenn ich in mein CRM unter den Notizen nachschaue, dann lese ich sehr häufig folgende Nachrichten: "Meeting, Außentermin, Noch nicht im Hause, Mittagspause, usw." An dieser Stelle legen viele Verkäufer bereits auf, jedoch kannst du dir hier viel Arbeit ersparen.

Folgende Fragen eignen sich sehr gut, um an Informationen zu kommen:

"Frau Mayer, wann ist denn aus Ihrer Sicht ein guter Zeitpunkte, heute / morgen / diese Woche mit Herrn "Geschäftsführer" ins Gespräch zu kommen?"

Jeder Mensch hat ein mehr oder minder ausgeprägtes Helfersyndrom. An dieser Stelle appellierst du mit höflicher Ansprache, ob er oder sie dir eine Auskunft darüber geben kann. Ich erlebe es recht häufig, dass die Assistenz mir Auskünfte aus dem Kalender gibt und ich mir eine Wiedervorlage notiere. Das macht es dir natürlich leichter, deinen Ansprechpartner in Zukunft zu erreichen. Ich mache mir gerade am Anfang immer wieder Notizen, wo der Geschäftsführer ist. Angenommen er ist im Urlaub und du rufst Mitte der Woche an. Dann kannst du diese Information bei der Vorzimmerdame bringen.

Somit denkt sie, dass du aufgrund dieser Kenntnis in einem engeren Kontakt mit dem Ansprechpartner stehst.
Besonders bei einem ersten Durchstellgesuch wirkt diese kleine Vertrauensbasis wie ein kleiner Turbo und du bist eine Runde weiter.

"Frau Müller, der Einfachheit halber geben Sie mir bitte die Durchwahl, dann probiere ich es ich im Laufe des Tages erneut."

Funktioniert, ist aber nicht immer erfolgversprechend und wird verneint. Aber ich habe die Erfahrung gemacht, dass Fragen nichts kostet und du in diesem Fall die Nummer gewinnen kannst.

"Frau Müller, jetzt bin ich wohl bei Ihnen herausgekommen. Ist die Durchwahl 10 / 100 nicht mehr aktuell?"

Mit Sicherheit denkst du jetzt: "Wie plump ist das denn?" Und doch muss ich dich enttäuschen, diese Masche klappt vor allem bei jungen Mitarbeitern sehr gut. Ich selbst war am Anfang verblüfft und überrascht zugleich, wie einfach du an die richtige Durchwahl kommst. Alternativ lohnt sich natürlich auch ein kurzer Besuch auf der Webseite! Jetzt kennst du einige Tricks und Möglichkeiten, geschickt an die hartnäckige Assistenz vorbeizukommen.
Entsprechend erhöhst du die Wahrscheinlichkeit, mit dem jeweiligen Entscheider und/oder Geschäftsführer ins Gespräch zu kommen. Und wenn erstmal der Fuß in der Tür ist, dann bist du schon so gut wie drin!

5.6.) Informationen sind Gold wert

Wir leben im Zeitalter der Informationen - oder sollte ich passender sagen: im Jahrhundert der Informationsflut? Jede Sekunden feuern die großen Medienhäuser, digitale Influencer und nationale Denkfabriken unzählige Informationen um den Erdball - in Lichtgeschwindigkeit. Diese verblüffende Flut aus "Fake News" und echten Nachrichten müssen wir erstmal sortieren. Jeder hat etwas zu "melden" und muss seinen Senf dazu twittern und buhlt um die Aufmerksamkeit des Users. Das ist die Kehrseite der Medaille und die Kunst, wichtige Informationen von Blödsinn zu unterscheiden wird im 21 Jahrhundert eine wertvolle Fähigkeit sein. Doch wie kannst du das IT-Zeitalter für deine Akquise nutzen?

Ich scanne vor jedem Anruf das Unternehmen in folgenden Schritten:

a) Webseite → Ansprechpartner, Telefonnummern, Kerngeschäft, Impressum
b) Facebook, LinkedIn, Xing

In ein paar Minuten bist du auf den aktuellsten Stand. Notiere dir die wichtigsten Dinge über das Unternehmen und du legst damit ein wichtiges Fundament für einen überzeugenden Gesprächseinstieg. Denn nichts ist peinlicher, als zum Beispiel den falschen Geschäftsführer zu verlangen.

Diese Liste musst du unbedingt vervollständigen:

a) Wer ist **Entscheidungsträger** bzw. wer sind die Entscheidungsträger?
b) Wie ist die richtige **Durchwahl** oder E-Mail-Adresse zum Ansprechpartner bzw. zur Assistenz
c) Besitzt die Assistenz Zugriff auf den **Kalender**?

Am besten trägst du deine gesammelten Daten in dein **CRM** und aktualisierst deine Leads. Diese Vorbereitung bist du deinem zukünftigen Geschäftspartner schuldig, denn damit zeigst du Interesse. Du beweist damit den nötigen Respekt und die charismatische Wertschätzung. Zwei Dinge, die auch in der Geschäftswelt gut angekommen und wohl nicht aus “der Mode” kommen.

6.) Akquisition und Lead Generierung

Die Trefferanzahl bei Google für "lead generation" beträgt aktuell knapp 7 Milliarden Ergebnisse. Andere Suchbegriffe wie "Kundengewinnung" oder "Lead Generation" kommen auf knapp 800.000 Treffer. Das bedeutet für alle Fälle, das diesen Themen durchaus relevant sind und schon einige Menschen danach gesucht und etwas gefunden haben. Denn für Unternehmen oder Selbstständige sind neue Kunden das täglich Brot. Entsprechend lernst du in diesem Kapitel, wie du durch digitale und analoge Wege neues Potential schöpfen kannst.

6.1.) Mailing: E-Mail, Brief, handsigniertes Buch, Broschüre oder eine persönliche Karte

Kennst du den Spruch: "Text hat keinen Ton"? Mailings sind zwar immer noch eine recht weit verbreitete Form der Akquisition, jedoch werden 98 bis 99 % dieser "Post" nicht gelesen und landen direkt auf dem Scheiterhaufen des digitalen Zeitalters (SPAM). Wenn du aus der Masse hervorsteche willst, gelten handgeschriebene Karten oder Briefe als Hingucke.. Denn wer die Aufmerksamkeit des Adressaten auf sich lenken kann, der besitzt seinen Mitbewerbern gegenüber einen Vorteil. Auf deiner Homepage sammelst du beispielsweise die E-Mail Adressen potentieller Interessenten. Dadurch steht ihr im Erstkontakt und du kannst die E-Mail Adresse für weitere Akquise-Tätigkeiten nutzen - Trick 17.

6.2.) Telefonakquise oder Telefonmarketing

In den Anfängen der Telefonakquise nahmen sich damals smarte Verkäufer das goldene Buch als Akquise-Quelle - die gelben Seiten. In der heutigen digitalisierten Welt scheuen sich aber immer mehr Verkäufer davor, das Smartphone in die Hand zu nehmen und den potentiellen Kunden einfach anzurufen. Leider läuft bei vielen Verkäufern auf der Suche nach den direkten Kontakt folgendes Szenario ab. Allein der Gedanke daran, lässt bei vielen Verkäufern das Herz schneller schlagen und die Produktion von Angstschweiß erhöht sich exponentiell. Gedanken schwirren durch den Kopf: Wie ich soll mit meinem Kunden sprechen und ein Verkaufsgespräch am Telefon führen? Was sage ich, wenn ein Einwand kommt? Wie reagiere ich auf Ablehnung? Die traurige Konsequenz: Lieber 30 Minuten unter der kalten Dusche als 30 Minuten lang kalte Anrufe!

Falls grundlegend du auf kalte Duschen stehst und gerne ins kalte Wasser springt, dann habe ich hervorragende Neuigkeiten: An dieser Stelle erhältst du mit der effektiven Kaltakquise die Möglichkeit auf einen Sechser im Lotto plus Superzahl (falls du das noch kennst). In anderen Worten: Kaltakquise ist ein Jackpot für diejenigen, die mit Menschen ihre Geschäfte abwickeln und Neukunden gewinnen wollen. Viele Menschen verlernen durch indirekte Kommunikation wie Whatsapp oder E-Mail zunehmend die Fähigkeit, persönlich miteinander zu sprechen. Das Ergebnis: viele Menschen verstecken sich im Schutz der "Anonymität". Mein Appell: Raus aus der Komfortzone und suche den direkten Kontakt zu deinen zukünftigen Kunden. Es ist so einfach und es lohnt sich! Denn eines kann ich dir mit Sicherheit garantieren: Menschen kaufen von Menschen!

Kundendaten ermitteln

Heutzutage kannst du es dir sehr einfach machen, indem du auf diverse Adressdatenbanken zurück greifst. Falls du keinen Datensatz kaufen willst, kannst du natürlich auch auf altmodische Art und Weise potentielle Geschäftskunden "googeln". Beide hat seine Vor- und Nachteile. Beim Kauf musst du erstmal Geld in die Hand nehmen und weißt nicht zu 100%, wie aktuell und gepflegt dieser Datensatz ist. Auf der anderen Seite kannst du dann natürlich sofort loslegen.

Bei der klassischen Suchmaschine investierst du selbst die Zeit und baust dir deinen eigenen Datensatz. Damit gewinnst du natürlich auch einen tieferen Einblick für das Unternehmen, schaust dir die Firmen-Webseite an und informierst dich über deren **Kerngeschäft**. Außerdem lässt sich anhand des Internetauftritts bereits bestimmen, wie sich dieses Unternehmen online repräsentiert. Dadurch kannst du vorab erste Schlüsse über die Unternehmenskultur schließen. Die Suche dauert natürlich weit aus länger und du musst deine wertvolle Zeit in eine mühselige Aktivität investieren.

Egal für welche Variante du dich entscheidest, nimm dein Telefon/Headset in die Hand und rufe deine zukünftigen Neukunden an.

6.3.) Online-Marketing

Facebook, Instagram, TikTok, Linkedin oder die größte Videoplattform der Welt sind mittlerweile weit verbreitete und intensiv genutzte **Pull-Netzwerke**. Online- Marketing ist im Zeitalter der Digitalisierung in aller Munde und über ploppen Social Media Marketing Agenturen auf. Der Vorteil ist, du kannst gegen Bezahlung die Daten des Anbieters nutzen, um dadurch deine **Zielgruppe** sehr passgenau anzusprechen.

Bei der gezielten Ansprache deiner potentiellen Kunden über soziale Netzwerke oder für eine obere Platzierung im Google-Ranking musst du dich sehr gut auskennen und den spezifischen Algorithmus kennen. Fakt ist, dass ca. 96% aller Suchanfragen durch die größte Suchmaschine der westliche Welt gelöst werden (google.de). Entsprechend musst du einerseits sehr **spezifisch** sein oder **viel Geld für Anzeige** in den obersten Plätzen ausgeben. Besonders im Digitalen Zeitalter ist Sichtbarkeit wichtiger denn je. Jedoch wird dies auch sehr schnell sehr kostspielig. Sei dir also im Klaren, wieviel Budget du im Monat für deine Werbung in dein Online-Marketing fließen lässt. Wenn du unsicher bist, dann lass dich dafür erstmal von einer ordentlichen **Social Media Agentur** beraten.

6.4.) Content Marketing

Bist du ein Blogger, YouTuber oder ein Influencer? Viele Unternehmer und Selbstständige bauen sich ihren eigenen Kanal auf und bieten ihren Nutzern einen persönlichen Mehrwert. Es gibt Blogs für Leseratten, Podcasts für den faulen Leser oder werthaltige Videos. Wie du siehst, gibt es dutzende Möglichkeiten, die eigenen Inhalte als Botschaft an die Zielgruppe zu senden. Natürlich kannst du auch ganz "Old school" einen **Newsletter** versenden.

Ob dir die Leute auf Social Media folgen, hängt sehr stark von dem **Mehrwert** den du bietest und der **Relevanz** deines Themas ab. Wenn du dir etwas mehr Zeit nehmen willst, anstatt einfach drauf los zu bloggen, dann schreibst du ein brilliantes Buch. Denn auch im 21. Jahrhundert genießen **Experten** auf ihrem **Gebiet** immer noch hohes Ansehen aufgrund ihres Wissens und den **Mehrwert**, den sie ihren "Fans" bieten. Mit einer "Fanbase" baust du dir eine Marke auf und genießt dadurch auch ihr Vertrauen. Das macht es dir langfristig natürlich einfacher, deinen Interessenten etwas zu verkaufen. Jedoch musst du dir auch immer im Klaren sein, dass viele Menschen in deiner Community nach DEM Tipp und DIESEM Geheimnis suchen und nach "Giveaways" aus sind. Das einfach als kleiner Beigeschmack. Dennoch eignen sich soziale Kanäle sehr gut für die Akquise im Internet.

Aufgabe: Erstelle eine interessanten und relevanten Kanal für deine potentiellen Kunden

Achte dabei darauf, dass dein **Content-Marketing** folgende Kriterien erfüllt:

1) Dein Thema muss für die Zielgruppe **relevant** sein
2) Du musst mit deinen Inhalten brauchbaren **Mehrwert** für deine Kunden stiften
3) Am besten stellst du relevante Fragen und kommst damit in einen Dialog mit deiner Zielgruppe (Erfahrungen, Probleme, Engpässe etc.)
4) **Identifiziere** dich selbst mit dem Thema aufgrund eigener **Erfahrung**. Wenn du in diesem Bereich bereits erfolgreich bist, dann teile dein Wissen. Falls nicht, dann lässt du am besten die Finger davon.
5) Poste **regelmäßig** werthaltige **Inhalte** in diese Kanäle und halte deine Community auf dem Laufenden.

Damit bist du langfristig in der Lage, einige Leads zu generieren. Diese Leads wandelst du dann mit dem Wissen dieses Kurses in zufriedene und zahlende Kunden um.

6.5.) Social Proof

Wie reagierst du, wenn ein guter Freund oder eine enge Freundin dir ein geschmackvolles Restaurant, einen kundenfreundlichen Dienstleister oder ein lohnenswertes Reiseziel empfiehlt? In der Regel wirst du dieser Empfehlung nachgehen. Aber warum ist das so? Du vertraust der Empfehlung eines Freundes oder Bekannten. Jetzt mal angenommen, dir empfehlen noch weitere Menschen aus deinem Umfeld genau das gleiche Restaurant. Wie hoch ist die Wahrscheinlichkeit, dass du in der nächsten Zeit dieser Empfehlung nachgehst?

Nehmen wir ein anderes Beispiel: den bekanntesten Online-Händler der Welt: Amazon. Diese allumfassende Händler-Plattform bietet wenige Sortiermöglichkeiten bei der Anzeige der Waren an. Unter anderem lassen sich die Produkte nach der **Kundenbewertung** sortieren. Das ist natürlich nicht willkürlich sondern entspringt dem Grundgedanken der **Referenzen und Empfehlungen** von Kunden. Somit gehen Menschen den Handlungen anderer Käufer nach und entscheiden sich **rational** aufgrund der ihnen vorgelegten **Bewertung**. Die Kaufentscheidung hängt sowohl im virtuellen Raum als auch in der analogen Welt von der Bewertung einzelner Personen oder Menschengruppen zusammen. Dabei entsteht auch wieder der sogenannte Netzwerkeffekt, der die Produktbewertung skalierbar macht. Social Proof, Empfehlungsmarketing und Referenzen sind ein wichtiger Faktor, neue Kunden für dein Unternehmen zu gewinnen. Denn gute **Bewertungen** und Weiterempfehlungen sind in der Verkaufswelt ein wichtiger Einflussfaktor für eine positive Kaufentscheidung bzw. eine künftige Geschäftsbeziehung. Nutze also die Macht der Referenzen und Empfehlungen für dich, dein Unternehmen und den dazugehörigen Produkten und Dienstleistungen.

6.6.) Akquise über Partner-Unternehmen

Du brauchst definitiv ein solides Netzwerk. Besonders am Anfang ist ein zuverlässiger Erfolgsfaktor, wenn du bereits **Geschäftspartnerschaften** aufgebaut hast. Je nachdem was du anbietest, benötigst du Geschäftskontakte. Damit öffnest du dir gerade am Anfang die hart umkämpften Türen von Geschäftsführern, CEOs und Entscheidern. Du genießt bei Kooperationen einen **Vertrauensvorschuss**. Und Menschen sind in dieser Hinsicht sehr einfach gestrickt: Sie tendieren dazu, einer Weiterempfehlung durch Bekannte, Freunde oder Familie eher nachzugehen, als die von einer fremden Person. Deswegen aktiviere dein Netzwerk und nutze deine Partner-Unternehmen als Multiplikator für dein Business.

6.7.) Bekannten und Freundeskreis

Einen meiner ersten richtigen Deals kam aus meinem **Familienkreis**. Als blutiger Anfänger hatte ich absolut keine Ahnung von Akquise und Selbstmarketing. Ich befand mich also in der Findungsphase und hatte meine ersten Monate als Freelancer hinter mir - ich, ein Exot als Wirtschaftspsychologe. Was machen die eigentlich genau? Diese Frage stellte mir meine Lieblingstante am festlich dekorierten Weihnachtstisch. Ich erklärte ihr, dass ich Probleme und Konflikte in Unternehmen löse. Damals wie heute bildete ich Azubis in verschiedenen Themen aus und weiter und naja - ich erklärte ihr das Ganze in etwa so: ich spreche mit den Mitarbeitern, begleite Teams in der Weiterentwicklung und sorge dafür, dass die Chemie im Unternehmen wieder stimmt. Gespannt durch meinen Pitch vermittelte mich meine Tante weiter. Bereits nach wenigen Tagen hatte ich meinen ersten großen Auftrag in der Tasche. Ich witterte eine extrem gute Chance mich und meine Fähigkeiten unter Beweis stellen. Und das tat ich auch. Innerhalb weniger Tage erzielte ich unglaublich positive Ergebnisse. Selbst Jahre später freuen sich die Mitarbeiter, wenn ich dort aufschlage und der Chef ist absolut happy! Diese Chance bekam ich aber nur, weil ich mein Netzwerk mit einbezog. Denn jeder Mensch aus deinem Bekannten- und Freundeskreis kennt wiederum hunderte andere Menschen. Das bedeutet für dich, dass du dort sehr viel Potential für dich und dein Unternehmen genutzt werden will. Deine Aufgabe ist es, dieses Potential auch zu aktivieren und Aufträge daraus zu machen.

Aufgabe - Nutze die Netzwerke in deinem Netzwerk

Welches Potenzial schlummert in deinem Netzwerk? Welche Kontakte hast du gemacht? Wer in deiner Familie kennt Unternehmer? Wie ist deine Familie vernetzt?

Denn dein Netzwerk potenziert sich mit jedem Kontakt. Im weiteren Verlauf findest du heraus, in wie weit dein Produkt oder deine Dienstleistung für die Bekannten aus deinem Netzwerk relevant sind.

6.8.) Weitere Möglichkeiten

Netzwerk Events

Ich persönlich investiere meine Zeit regelmäßige auf Netzwerk-Events. Meistens finden diese Veranstaltungen am Wochenende oder Abends statt. Entsprechend musst du bereit sein, deine Freizeit für solche Events zu opfern. Aber es lohnt sich, denn immer wieder mache ich interessante Kontakte und knüpfe potentielles Akquisematerial. Anmerkung: Falls mal wieder eine Pandemie (Corona 2020) unterwegs ist, dann ist diese Methode stark eingeschränkt. Als Ausgleich werden Online-Alternativen vermehrt stärker angeboten. Ebenfalls eine interessante Möglichkeit sich mit anderen in Breakout-Rooms oder in virtuellen Räumen zu vernetzen. Denn eines darfst du niemals unterschätzen: die Macht der Sympathie. Wenn dich die Menschen bereits kennen und eine Portion Vertrauen zu dir aufgebaut haben, dann lässt sich ein Geschäft besser abschließen als wenn du eiskalt anrufst. Wie gesagt: ein starkes Netzwerk ist mehr als Gold wert! Denn durch den bekannten Netzwerkeffekt kennst du mittels deiner Kontakte wiederum andere Menschen.

Social Media

Wir sind theoretisch alle miteinander vernetzt und sogar über 7 Personen haben wir einen Kontakt zu Barack Obama, Angela Merkel oder dem Dalai Lama. **Social Media** Plattformen wie Facebook, LinkedIn, Twitter und diverse anderen locken natürlich mit den unbegrenzten Möglichkeiten, sich mit jedem Menschen zu verbinden und zu ins Gespräch zu kommen. Wir können auch unsere ausspähen um einen besseren Draht aufzubauen. Nutze Social Media um mit deinen **Zielgruppen** in Aktion zu treten, Kontakte aufzubauen und eine **glaubwürdige Marke** aufzubauen. Jeder kann heute eine Reichweite zu einem relevanten Thema und damit Interessenten oder **Geschäftspartner** auf sich aufmerksam zu machen. Nutze auch die Gruppenfunktionen der einzelnen Netzwerke. Denn dort verbinden sich Menschen mit gemeinsamen Interessen. Und Gemeinsamkeiten sind eine wichtige Grundlage für Sympathie und Vertrauen.

Verbände, Vereine und Stammtische

Viele berufsspezifische Verbände, ortsansässige Vereine oder Stammtische eigenen sich hervorragend als Quelle für deine Akquise. Früher habe ich als ehrenamtlicher Gassigeher oder als Betreuer für Jugendliche wertvolle Zeit investiert um Gutes zu tun. Darüber hinaus habe ich gelernt, dass auch erfolgreiche und/ oder einflussreiche Menschen mit einschlägiger Lebenserfahrung in diesen Aktivitäten ihre Zeit investieren. Verbände und Vereine eigenen sich besonders dann, wenn du als Unternehmer oder Selbstständiger neu auf diesem Gebiet bist. Einerseits kannst du in diesen Netzwerken viel über regionale Ereignisse erfahren und einflussreiche Personen kennen lernen. Wichtig an dieser Stelle: fokussiere dich nicht darauf, ein Geschäft zu machen. Du musst schon Interesse und Freude an dem Verein und der Tätigkeit haben! Außerdem wirkt sich dein soziales Engagement positiv auf dein Karma aus.

Zusammengefasst: es ist extrem wichtig, dass du dir ein potentes Netzwerk aufbaust. Egal ob Networker, Verkäufer, Selbstständiger, Unternehmer oder Manager. Netzwerke sind in der Vergangenheit und werden auch in der Zukunft eines der wertvollsten Kriterien für deinen Erfolg sein. **Vitamin B wie Beziehungen** hat denjenigen, die es besitzen immer genutzt als geschadet.

7.) Bedarfsanalyse

Als bekennender "Sendung mit der Maus-Gucker" gebe ich dir eine wichtige Erkenntnis mit: Wer nicht fragt bleibt dumm. Denn die richtigen Fragen öffnen dir die wichtigsten Türen zu den wahren Bedürfnissen deiner Kunden. Für dich als Verkäufer sind Fragen das universelle Werkzeug. Bevor du in den Verkauf gehst, musst du im Vorfeld deine Hausaufgaben machen und den Bedarf des Kunden erkennen.

- ☐ Fragen fordern den anderen heraus, eine Antwort zu geben (Denklast)
- ☐ Fragen beinhalten keinen Widerspruch oder reizen deinen Gegenüber
- ☐ Die Topp-Verkäufer nutzen diesen psychologischen Effekt um überzeugend an Informationen zu gelangen.

"Wer fragt, der führt." Ich weiß, es ist zwar eine alte Floskel, aber sie hat immer noch starke Relevanz im Verkauf. In meinen Verkaufsgesprächen eröffne ich in der Regel mit einer geschickten Frage das bevorstehende Gespräch und erhalte dadurch die volle **Aufmerksamkeit meines Gegenübers**. Natürlich funktioniert diese Technik nicht zu 100% - diese Garantie kann und sollte dir auch kein Verkaufstrainer geben.

Beispiel aus der Praxis in der Finanzierung von KMUs:

Aus meiner Verkaufserfahrung als Sales Manager eines stark wachsenden Fintech Start-Ups aus der Schweiz weiß ich, wie entscheidend die richtigen Fragen sind. Plakativ gesprochen verkaufen wir Geld bzw. Kredite. Fakt ist, dass viele Unternehmen bei den klassischen Banken ihr Darlehen beziehen und wollen eigentlich auch nichts verändern. Doch wenn du im Gesprächseinstieg die richtigen Fragen stellst, dann erreichst du dein Verkaufsziel - der Gewinn eines neuen Kunden. Worin lag als das kleine Erfolgsgeheimnis:

Ich benutzte den Fakt, dass unzufriedene Menschen die Notwendigkeit sehen, etwas zu verändern. Folglich richteten sich meine Fragen, womit die Unternehmer aktuell unzufrieden bei der Hausbank sind. Damit brach ich das Eis und erfuhr wichtige Punkte, bisherigen Prozess nicht zufriedenstellend liefen. In vielen Fällen beschwerten sich die Geschäftsführer über die Dauer der Bearbeitung bzw. die Rückmeldung. Und genau dort konnte ich anknüpfen und den **Bedarf wecken**, sich ein **alternatives Angebot** einzuholen. Damit überzeugten wir einige Kunden, sich ein Angebot einzuholen und durch schnelle Abläufe entsprechend einen Deal einzutüten. Und das alles mit ein paar einfachen Fragen anstatt direkt mit dem Angebot um die Ecke zu kommen. Denn schnelle Liquidität ist in den meisten Branchen ein klarer Wettbewerbsvorteil.

7.1.) Was wollen deine Kunden?

Die Wahrheit ist doch: deine Kunden wollen nicht dein Produkt oder deine Dienstleistung. Willkommen in der unbequemen Realität. Deine Kunden wollen eine **Lösung** für ein **Problem**, welches sie nicht alleine lösen können. Denen ist es egal, wer du bist oder wie toll dein Produkt bzw. deine Dienstleistung ist. Das muss dir von Anfang an klar sein.

Es ist extrem wichtig, dass es um die Bedürfnisse, Wünsche, Träume und auch Ängste deiner Kunden geht. Es dreht sich nicht um DICH und DEIN Business. Fokussiere dich auf deinen Kunden. Führe das Gespräch mit den passenden Fragen und interessiere dich für die aktuelle Situation deines Gesprächspartners.

In diesem Kapitel lernst du, wie du qualifizierte Fragen stellst und somit den wahren BEDARF deiner Kunden erkennst. Du baust dir deine eigene Struktur auf, mit der du zielgerichtet und systematisch deinen Kunden verstehst. Denn wenn sich dein Kunde von DIR verstanden fühlt, dann profitierst du auf zwei Ebenen. Dein Gegenüber schenkt dir das notwendige Vertrauen. Außerdem erkennt er, dass du nicht irgendetwas verkaufen willst und lässt sich auf das Gespräch ein. Damit brichst du garantiert das Eis!

Die wichtigsten Punkte der Bedarfsanalyse

- ☐ Lerne die **Hintergründe** deiner Kunden kennen
- ☐ Erstelle die **Ziele und Pläne** des Kunden
- ☐ Richte dich nach der gewünschten **Vorgehensweise** deines Kunden
- ☐ Wir müssen den aktuellen Stand kennen (IST) und den **Wunschzustand** deiner Kunden beschreiben können (SOLL)
- ☐ Eine **maßgeschneiderte Lösung** für den Kunden anbieten
- ☐ Aus Kundensicht wichtige und interessante Punkte detailliert besprechen und sogar auf mögliche Konsequenzen eingehen

Jetzt kennst du den Kern der Bedarfsanalyse und denkst dir vielleicht, dass es sehr passiv und nach Soft-Sales klingt. Freilich sprechen wir hier nicht von Hard-Selling. Das ist auch nicht Sinn und Zweck dieses Moduls. Es geht vielmehr darum, dir die Kundenbrille aufzusetzen und das Verkaufsgespräch aus Sicht der Kunden zu sehen. Wie erwähnt, deine Fragen führen dich zuverlässig zum Ziel und du baust ein Gespräch auf, sodass der Kunde sich die Zeit für dich und deine Lösung nimmt. Dieser Schritt ist entscheidend und du bekommst mit diesen Strategien den wichtigen "Fuß in die Tür."

Vorteile und den Mehrwert

- ☐ Du ermittelst im Vertrieb die **Wünsche**, (Kauf-) Motive und Ziele des Kunden
- ☐ Im Verkaufsprozess erkennst du anhand der Wortwahl deines Gesprächspartners, mit welchem **Entscheidertypen bzw. Kundentypen** du es im Moment zu tun hast. Dieses Wissen ist vor allem in der Nutzenargumentation sehr hilfreich.
- ☐ Dein Kunde baut proaktiv **Vertrauen** zu dir auf
- ☐ Du bietest deinen Kunden die **passende Lösung** an - dein Kunde fühlt sich dadurch verstanden und kommt wieder auf dich zurück
- ☐ Mit diesen Techniken baust du eine **emotionale Bindung** auf und bindest deine Kunden effektiver an dein Unternehmen
- ☐ Kundenorientierung bedeutet einen nachhaltigen **Unternehmenswert** und Wettbewerbsvorteil

Konsequenz: Mehr Umsatz, zufriedene Kunden und die Wahrscheinlichkeit der Weiterempfehlung steigert sich. Fazit: Ein Verkaufsgespräch ohne vernünftige Bedarfsanalyse ist vergleichbar mit Tontaubenschießen mit verbundenen Augen. Deine Trefferchance ist reine Glückssache. Damit du nicht blind durch das Verkaufsgespräch läufst, findest du den Bedarf des Kunden anhand geschickter Fragen heraus.

7.2.) Fragetechniken

Ich finde es faszinierend, wie sich unsere Spezies in den Jahrtausenden verändert hat und doch sind viele Dinge gleich geblieben. Als Hobby-Anthropologe finde ich es immer wieder spannend, wie komplex und zugleich simpel der Mensch ist. Seit Jahrhunderten beschäftigen sich Menschen mit den wichtigen **Fragen** über die Menschheit. Ein altes Sprichwort des griechischen Philosophen Euripides bringt es in ein paar Worten auf den Punkt:

Weil in diesem Spruch so viel Vernunft und Wahrheit steckt, widme ich mich der bekannten W-Fragen:

- ☐ Wie zufrieden sind sie mit der jetzigen Lösung?
- ☐ Welche Probleme gab es bereits in der Vergangenheit mit der Dienstleistung/ dem Produkt?
- ☐ Was könnte aus Ihrer Sicht, besser funktionieren?
- ☐ Worin sehen Sie die Herausforderung bei der Umsetzung des Projekts?
- ☐ Welche Unterstützung/ Leistung erwarten Sie von uns?
- ☐ Wer sind die Entscheider im Unternehmen?
- ☐ Was hätte die Behebung des Problems zur Folge?
- ☐ Was ist Ihre größte Herausforderung in diesem Projekt?

Passende Fragen führen dich zum Ziel. Auch wenn das in manchen Fällen bedeutet, dass du deinen Gesprächspartner als Kunden ablehnen musst. Mehr zu diesem Thema im nächsten Kapitel. Deine primäre besteht darin, das Gespräch Gesprächspartner durch vernünftige Fragen zu lenken. Gute Fragen verstärken deine **Glaubwürdigkeit** und du zeigst damit gleichzeitig, dass du das **Problem deines Kunden verstehst**.

Emotionale Fragen

Hinter fast jeder Handlung und Entscheidung eines Menschen stehen grundlegend Emotionen. Der Kunde kauft nicht primär aus **rationalen Gründen**. Vielmehr "hört" der Mensch auf sein "Bauchgefühl" und begründet dadurch seine Kaufentscheidung. Erschaffe daher immer eine positive **Kaufatmosphäre**. Begleite einen Kunden in einer positive Zukunftsvision und plane gemeinsam eine zukünftige Lösung. Mit emotionalen Fragen erfährst du die Interessen und Wünsche deines Neukunden. Kein Kunde will ein Produkt oder eine Dienstleistung kaufen. Er will ein **gewünschtes Ergebnis** erreichen. Sei es die Lösung eines anhaltenden Problems, eine Herausforderung meistern oder die Erfüllung eines lang ersehnten Traums. Jedes Kaufmotiv ist mit einer Emotion verknüpft. Deswegen ist das **emotionale Ergebnis** wesentlich wichtiger, als der eigentliche Verkaufsprozess.

Mögliche Fragen:

- ☐ Was halten Sie, Herr Kunde **persönlich** davon?
- ☐ Aus welchen Gründen ist Ihnen das **besonders wichtig**?
- ☐ Herr/ Frau Kunde, was bedeutet es für Sie, wenn wir das **Ziel** gemeinsam **erreichen**?

Welche Fragen stelle ich vor einer Präsentation? Jeder im Vertrieb kennt diese Szenarien. Ein wichtiger Termin beim Kunden, ab in den Präsentationsmodus und die Aufregung steigt. Natürlich ist jeder im Vertrieb etwas aufgeregt, was auch vollkommen normal und natürlich ist. Deswegen ist es am Anfang wichtig, diese Spannungen etwas abzubauen und die Stimmung aufzulockern. Mit geschickten Fragen bringst den Smalltalk in Gang. Zeige aufrichtiges Interesse an deinen Gesprächspartnern und das Eis bricht von selbst.

- ☐ Wie lange sind Sie bereits in dem Unternehmen aktiv?
- ☐ Was war Ihre **größte Herausforderung** nach Ihrem Eintritt?
- ☐ Bezüglich Ihres neuen Lieferanten, welche **Vorstellungen** schweben Ihnen vor?
- ☐ Wenn Sie **eine Sache** benennen müssten, was ist für Sie **besonders wichtig**?
- ☐ Was ist ihr größter (Lebens-) Traum?
- ☐ Was würde sich **positiv verändern,** wenn wir gemeinsam die nächsten Schritte gehen?

Zielorientierte Fragen

- ☐ Was wollen Sie denn konkret mit XY erreichen?
- ☐ Herr Kunde, was bedeutet es für Sie, wenn diese Ziele erreicht worden Sind?
- ☐ Frau Kunde, können Sie sich vorstellen, dass wir diesen Weg gemeinsam bestreiten?
- ☐ Wie viel Mehrumsatz versprechen Sie sich von einem Training?
- ☐ Aus welchen Gründen ist Ihnen das so wichtig?

Motivierende Fragen

Lobe die Kompetenz deines Gesprächspartners

- ☐ Was sagen Sie als Experte/ Fachmann/Spezialist dazu?
- ☐ Wie stehen Sie zu dieser Aussage?
- ☐ Was halten Sie als Experte für den Bereich XYZ von der gegenwärtigen Lage auf dem Weltmarkt?

Hypothetische Fragen

Neue Ideen und Perspektiven entwickeln

- ☐ "Angenommen, Herr Schneider, Sie setzen unser System ein, was sind die nächsten gemeinsamen Schritte?"
- ☐ "Frau Meyer, nehmen wir an, dass System verflüchtigt sich über Nacht, was wird morgen für Sie anders sein?"
- ☐ Typische Satzanfänge:
    - ☐ Mal angenommen...
    - ☐ Was wäre wenn...
    - ☐ Nehmen wir an...
    - ☐ Stellen Sie sich vor...
- ☐ Hypothetische Fragen führen das Gespräch in die Richtung, einen Vorwand von einem Einwand zu unterscheiden:
    - ☐ Nehmen wir an, Ihnen stünden die finanziellen Mittel zur Verfügung,..."

Alternativfragen

Besonders trickreich sind die Alternativfragen. Du lässt die Kontrolle und Führung des Gesprächs bewusst los und übergibst freiwillig das Steuerrad. Denn jeder Mensch will eigenmächtig entscheiden. Und genau diese Tatsache machst du dir mit dieser Fragetechnik zu nutze. Alternativfragen haben das konkrete Ziel, vom Kunden eine Entscheidung zu forcieren. Und du weißt sicherlich aus eigener Erfahrung, dass viele Menschen nicht besonders entscheidungsfreudig sind.

Dein Gesprächspartner muss sich also auf eine eingeschränkte Wahlmöglichkeit einlassen und sich für eine Option entscheiden. Dein Kunde ist nicht im ja oder nein gefangen. Er kann abwägen, ob Vorschlag eins oder Vorschlag zwei für besser ist.

- ☐ Terminvorschläge
- ☐ Menge / Lieferumfang
- ☐ Liefertermin
- ☐ Farbauswahl

Hier ein Beispiel für einen Terminvorschlag:

"Mein Terminvorschlag für Sie Herr Kunde ist der WOCHENTAG um UHRZEIT oder alternativ gerne auch am WOCHENTAG ab/um UHRZEIT. Wann passt es Ihnen besser Herr Kunde?"

Wie du erkennst, sind Alternativfragen stark ergebnisorientiert und zielführend. Es entsteht ein passiver Druck, denn der Gesprächspartner wird sich aufgrund des Angebots für eine Lösung entscheiden müssen. Im Zweifelsfall wird der dir eine Alternative anbieten. Du bleibst trotzdem der Steuermann im Gespräch und gibst bestimmend die Richtung vor.

Suggestivfragen

In Gerichtsverhandlungen werden bestimmte Fragen von der Verteidigung mit einem Einspruch widersprochen. Der Grund: eine Suggestivfrage beinhaltet einen stark manipulierenden Charakter und beeinflussen mit der Aussage den Befragten mit einer versteckten vorgefertigten Meinung. Mittlerweile erkennen Geschäftsführer diesen manipulative Charakter und werden ebenfalls mit einem Widerspruch kontern. Die negative Folge ist, dass deine Gesprächsführung aus dem Ruder läuft. Jedoch ist es trotzdem für Dich als Verkäufer wichtig, diesen Fragentyp zu erkennen, denn eventuell nutzt dein Gesprächspartner die selben Tricks wie du und dadurch kannst du ihm den Wind aus den Segeln nehmen. Wie gesagt, suggestive Fragen sind in der heutige Zeit mit vorsicht zu genießen, denn diese "Masche" ist ein alter Verkäuferhut und der Auftrags-Drops ist schnell gelutscht. Überlege dir im Vorfeld, ob du mit dieser Strategie in dein Verkaufsgespräch gehen willst:

Beeinflussende Worte bzw. Wortgruppen:

- ☐ **Bestimmt** haben Sie in der Vergangenheit gute Erfahrung mit uns gemacht?
- ☐ Sie wollen doch sicher auch viel Geld sparen, **nicht wahr**?
- ☐ Sie legen doch **sicherlich** sehr viel Wert auf schnelle Lieferzeiten?
- ☐ Die Hose sitzt wie angegossen, **meinen Sie nicht auch?**

Was bedeutet das jetzt für deinen Verkaufsgespräch? Ich rate dir generell davon ab, dass du diese Fragetechnik zu häufig anwendest. Die Gründe liegen klar auf der Hand: niemand findet es begeisternd und überzeugend, wenn er manipuliert wird. Und genau das machen Suggestivfragen.

Praxis-Tipp
Ich nutze diese Taktik nur in den Fällen, bei denen ich mir zu 100% sicher sein kann, dass meine Suggestion den Gedanken meines Gegenübers entspricht. Am besten benutzt du diese Technik gefüllt mit **Informationen des Kunden.** Die Wahrscheinlichkeit ist sehr gering, dass dein Gegenüber seinen eigenen Argumenten widerspricht. Damit bestätigst du zum einen, dass du die Botschaft deines Gesprächspartners verstanden hast und zum anderen baust du deine **Argumente auf den Überzeugungen deines Gesprächspartners** auf.

7.3.) Interessenten richtig qualifizieren

Ein wichtiger Punkt bei der Vorbereitung in der Akquise besteht in der **Qualifizierung deiner Interessenten.** Viele Verkäufer tun sich damit sehr schwer, denn diese Vorarbeit kostet Zeit. Jedoch hat es viele Vorteile, den Interessenten im Vorfeld zu selektieren. In der Realität verbringen viele Verkäufer ca. 70 bis 80% der Zeit damit, sich mit **unqualifizierten Kunden** herum zu schlagen. Ein Prozess der viel Nerven und auch wertvolle Zeit kostet. Smarte Verkäufer qualifizieren ihre Kunden und **sortieren bewusst aus**. Diese Checkliste zeigt dir, wie du Schritt für Schritt deine Interessenten qualifizieren kannst:

Stufe 1) Warum wird dein Interessent bei dir kaufen?

- ☐ Was sucht dein Interessent genau?
- ☐ Was sind potentielle **Kaufmotive**?
- ☐ Was ist dem Kunden wichtig?
- ☐ Warum hat dein Kunde zuletzt gekauft?
- ☐ Wenn dein Kunde das bekommt, was er sich exakt wünscht, wie müsste die Lösung aussehen?

Stufe 2) Warum werden sie NICHT bei dir kaufen?

- ☐ Welche Einwände werden kommen?
- ☐ Warum wurde beim letzten mal nicht gekauft?
- ☐ Weshalb werden Angebote von mehreren Anbietern eingeholt?
- ☐ Was will dein Kunde vermeiden?
- ☐ Wo liegt der wunde Punkt?

Stufe 3) Wer im Unternehmen trifft die Entscheidung?

- ☐ Wer trifft die Entscheidung?
- ☐ Wie viele Entscheider gibt es

Stufe 4) Wie sieht der Entscheidungsprozess aus?

- ☐ Wie sieht der Entscheidungsprozess exakt aus?
- ☐ Wer ist alles involviert?
- ☐ Was passiert als nächstes?
- ☐ Wie lange dauert der Prozess?
- ☐ Wie viele andere Schritte gehören noch dazu?

Stufe 5) Wen musst du im Wettbewerb beachten?

- ☐ Wie viele andere Unternehmen haben Sie angefragt?
- ☐ Was sollte Ihrer Meinung nach der neue Lieferant besonders gut machen?
- ☐ Wer ist derzeit der Favorit? Was sind die Gründe?
- ☐ Wie viele Angebote liegen vor?

Stufe 6) Wie hoch ist das Budget?

- ☐ Wie hoch ist das Budget bei diesem Projekt?
- ☐ Was ist das absolute Limit?
- ☐ Was würden Sie gerne dafür ausgeben?
- ☐ Liegt unsere Lösung in ihrem Investitionsrahmen?

Denn je qualifizierter dein Interessent ist, um so eher wird er dir den Auftrag erteilen. Ein Einwand den ich an dieser Stelle häufig höre: “Ich kann doch nicht so viele Fragen stellen.” oder “Ich glaube nicht, dass meine Interessenten einfach da sitzen und mir alle Fragen beantworten.” Woher weißt du das? Ich bin der Auffassung, dass du dich mehr mit deinen potentiellen Kunden befassen musst. Wie? Ganz einfach, in dem du messerscharfe Fragen stellst und Informationen gewinnst. Natürlich warten die Entscheider nicht auf deinen Anruf und deine Fragen. Deswegen benötigst du ja ein gewisses Zeitfenster. Wenn dein potentieller Kunde wirklich Interesse an deiner Lösung hat, dann nimmt er sich auch die Zeit dafür.

7.4.) Hilfreiche Tipps während des Gesprächs

Wir sind jetzt in den heiligen Hallen der Geschäftsführung oder den Entscheider am Telefon. Der Endboss, nur noch wenige Schritte zum Abschluss. Und jetzt fangen die meisten Verkäufer an zu zittern und werden unsicher, aus Angst, etwas falsches zu sagen oder etwas zu vergessen. Mein Tipp: entspanne dich, arbeite deine Checklisten ab und nutze diese Hacks für eine bessere Gesprächsführung:

Tipp#1 Hör zu!

Hast du bereits etwas von "aktiven Zuhören" gehört? Wie soll ich denn passiv zuhören? Im 21. Jahrhundert ist Aufmerksamkeit eine Währung! Deswegen werden wir von diversen Medien permanent mit "wichtigen" oder "sensationellen" Nachrichten bombardiert. Viele Menschen haben deswegen eine sehr kurze Aufmerksamkeitsspanne und lassen sich extrem leicht ablenken. Und auch Verkäufer schweifen ab, denken schon an den nächsten Termin. Nicht nur im privaten Alltag, sondern auch vermehrt im beruflichen Kontext scheint dieses Phänomen verstärkt aufzukommen. Doch wie können wir uns auf unseren Kunden zu 100% konzentrieren? **Fokussiere** deine **Gedanken** auf das Hier und Jetzt. Lausche den Worten deines Kunden. Paraphrasiere die Aussagen des Kunden und kommentiere das Gespräch mit "aha", "okay" oder dem klassischen **Kopfnicken.** Kurz um: signalisiere permanente Anwesenheit.

Tipp#2 Mach dir Notizen

Bevor ich auf den Sinn und Zweck von Notizen im professionellen Verkauf eingehe, will ich dir eine kleine Geschichte erzählen: nach dem Netzwerktreffen im Jahr 2020 besuchte ich einen meiner ersten Kunden in seinem exklusiven Anwesen. Seine extravagante Villa befindet sich hoch oben in den Hollywood-Hills des Rhein Neckar Kreises (für Ortskenner ist der Branich ein Begriff). Imponiert von der Ausstattung seiner Luxusvilla und der inspirierenden Präsenz meines Kunden, vergaß ich doch glatt mein Notizblock zu zücken. Im Verkaufsgespräch bot mir dann mein Gegenüber freundlich an, sein Notizbuch zu nutzen. Boah war mir das peinlich - das Blut schoß mir in den Kopf. Was für ein nachlässiger Fehler. Mit einem humorvollen Lächeln glättete er meine Sorgenfalten und wir fuhren das Gespräch fort. Dieser Geschäftsmann hatte bereits über **30 Jahre Erfahrung** mit Verkäufern und Geschäftsleuten. Er wusste ganz genau, dass sich die besten Verkäufer immer Notizen machen. Was genau strahlst du damit aus? Erstens ist es dir wichtig, was dein Gesprächspartner sagt. Dein Verhalten signalisiert Respekt und Wertschätzung. Keiner verlangt von dir, dass du alle Informationen speicherst. Du vergisst keine wichtige Information, wenn du dir fleißig Notizen machst. Ergo: besorge dir ein schickes Notizbuch und einen Satz ordentlicher Kugelschreiber. Ich persönlich besitze mittlerweile einen Kugelschreiber und einen "Füllfederhalter" - inklusive Gravur. Mit dieser simplen Ausstattung wirkst automatisch kompetenter und seriös. Notizen sind wertvoll und ein wirksamer Schlüssel für ein erfolgreiches Verkaufsgespräch.

Tipp#3 Lass dir Zeit bei der Antwort

Vielleicht kommt dir folgendes Szene bekannt vor: Du bist mitten im Verkaufsgespräch. Dir fliegen ununterbrochen Fragen und Gedanken durch den Kopf. Du bist permanent damit beschäftigt, darüber nachzudenken, was genau du als nächstes sagst? Welche unerwartete Frage könnte von meinem Gegenüber kommen? Habe ich die passende Antwort parat? Diese Situation stellt für viele Verkäufer ein erhöhtes Stresslevel dar. Freilich ist es wichtig, wenn du den nächsten Schritt bereits kennst. Jedoch musst du dich **auf das Wesentlich konzentrieren**: dein Kunde der direkt vor dir sitzt bzw. am Telefon ist. Ein weiteres Problem für viele meiner Verkäufer Kollegen: Ungeduld oder ein unbehagliches Gefühl bei kurzfristiger Stille. Deswegen fangen wirklich viele Verkäufer wieder an zu labern und verschlimmbessern das Gespräch. Vor allem fällt mir eines immer wieder auf: selbst nachdem sie dem Kunden eine Frage gestellt haben, spätestens nach ein paar Millisekunden der Stille wird das Schweigen vom Verkäufer wieder gebrochen. WARUM NUR? Lass deinen Gegenüber doch mal nachdenken und eine passende Antwort zurechtlegen. Oder wie fühlst du dich, wenn du unter Denklast stehst und der andere sofort wieder anfängt zu reden? Deswegen schreibe es dir auf die Hand:

Du wartest mindestens 3 Sekunden ab und lässt Zeit und Raum für die interessante Antwort. Natürlich drehst du den Spieß auch mal um. Denn deine Kunden werden natürlich auch Rückfragen stellen. Und hier gilt das Gleich: lass du dir auch etwas Zeit für eine wohlüberlegte und passende Antwort. Zuerst denken und dann sprechen!

7.5.) Bonuslektion: Der Kittelbrennfaktor

Aus eigener Erfahrung im B2B und B2C Verkauf weiß ich: Manchmal muss es auch mal die **verkäuferische Brechstange** sein. Im "Verkaufsjargon" heißt diese Methode auch der Kittelbrennfaktor. Darunter versteckt sich ein psychologisches Konstrukt aus Fragen, damit der Kittel des Kunden im wahrsten Sinne anfängt zu brennen.

Wir erzeugen damit auf unangenehme Weise einen Druck auf die **prägnanten Themen** unserer Kunden. In manchen Fällen müssen wir unsere Kunden aus der "Komfortzone" lotsen und den Brand löschen. Mit dieser Methode werden die konkreten Probleme aus **Sicht der Zielgruppe** durchleuchtet**.** Wir verlassen also die "Ego-Brille" und sehen wir die Dinge aus Sicht des brennenden Kunden.

Wenn du als Verkäufer in der Lage bist, ein Problem aus Sicht der Kunden zu erkennen, dann fühlt sich dein Gesprächspartner verstanden. Denn die Essenz deines Angebots besteht darin, die Lösung aus Sicht des Kunden zu erarbeiten und daraus eben eine individuelle Leistung anzubieten. Damit stellst du die Weichen dahingehend, dass dein Kunde die Logik hinter der Lösung verstehen kann. Diese Art und Weise mit deinem Kunden zu kommunizieren erlaubt es dir, dass der Kunde dein Produkt oder deine Dienstleistung aus seiner Sicht kaufen will. In diesem Kapitel erhältst du bestimmte "Leidfragen" (kein Schreibfehler). Du willst erreichen, dass der Kittel lichterloh brennt!

Wenn du exakt weißt, wer deine Zielgruppe ist, kannst du im nächsten Schritt auch herausfinden, wo ihnen der Kittel brennt:

- ☐ Welche **Probleme** beschäftigen meine Kunden?
- ☐ Was sind die tiefen **Bedürfnisse**?
- ☐ Mit welchen **Anliegen** kommen meine Kunden zu mir?
- ☐ Wer ist der **Entscheider** und wie sieht der Entscheidungsprozess aus?
- ☐ Worauf legen die Entscheider besonderen **Wert**?
- ☐ Wofür genau interessiert sich mein Kunde?
- ☐ Hat er bereits **Erfahrungen** mit dem Thema gemacht? Und wenn ja, welche?

Wenn du langfristig erfolgreich sein willst, musst du verstehen, welche die Probleme im Kunden verzweigt sind. Erst dann bist du nämlich in der glücklichen Lage, die passenden Antworten zu der gewünschten Lösung zu geben. Es bringt doch nichts einen Vegetarier mit Fleisch zu füttern. Du musst wissen, welche Vorlieben er hat. Mit dieser etwas radikalen Methode erkennst du den Bedarf deiner Kunden aus deren Sicht. Entsprechend kannst du dich und deine Lösung **perfekt positionieren** und der Held sein, der das Feuer am Kittel löscht.

8.) Vorteil-/Nutzenargumentation

Hast du dir bereits die Frage gestellt, was genau du eigentlich verkaufst? Natürlich sind wir Produkt-Jongleure und Dienstleistungsanbieter - doch das beantwortet nur die Frage aus DEINER Sicht. Peter Drucker drückt den Verkauf wirklich zeitlos aus:

Du verkaufst keine Bohrmaschine, sondern die Mona Lisa an der Wand. Als Autohändler bietest du deinem Kunden kein langweiliges Auto, sondern ein unvergessliches Fahrerlebnis, mit einem Cabriolet "oben ohne" entgegen dem Sonnenuntergang. Die Wahrheit ist, dass dein Kunde kein "totes Produkt" oder eine Dienstleistung kauft. Deine Aufgabe ist es, dein **Angebot spürbar aufleben** zu lassen. Führe deinen Kunden vor Augen, welche positiven **Veränderungen** sich einstellen. Wenn dein Kunde diese Vision spürbar erlebt, dann hast du deinen Job bereits recht gut gemacht. Aus meiner Praxiserfahrung im B2C-Sales sehe ich im Videocall in **glänzende Augen** und **begeisterte Gesichter**. Du denkst, ich übertreibe mit meiner Begeisterung und Einstellung? Dann lies dir jetzt unbedingt diese kleine Geschichte zum Thema Mindset und Einstellung durch: Ein Schuhhändler sendet zwei seiner Verkäufer in die afrikanische Steppe um ein neues Geschäft aufzumachen.Nach drei Tagen ruft ihn der erste Verkäufer an: “Boss, keine Chance! Die laufen hier alle barfuß herum. Ich reise in den nächsten Tagen ab.” Der andere Verkäufer hingegen macht sich Gedanken. Er ist neugierig und fängt an, sich mit den Menschen zu unterhalten und macht eine verblüffende Erkenntnis: “Die wissen gar nicht was Schuhe sind.” Außerdem klagen einige, dass sie wunde Füße haben oder sich die Füße im heißen Sand verbrennen.” Dieser kluge Verkäufer sieht eine außergewöhnliche Geschäftsidee und “verkauft” den Menschen keinen Schuh, sondern einen **Hitzeschutz gegen den heißen Sand**. Beflügelt mit dieser Idee ruft er den Händler an und ordert Schuhe für das ganze Dorf. Der kreative Schuhhändler macht das Geschäft seines Lebens. Kurz darauf erobert der “Hitzeschutzschuh” die umliegenden Dörfer! Die Botschaft aus der Geschichte ist verblüffend und simpel zugleich. Du musst wissen, was der Kunde will. Du musst dir seine “Brille” aufsetzen und die Welt mit seinen Augen sehen. Mit diesen essentiellen Informationen kann ich dann die wertvollen Vorteile aus Kundensicht “verkaufen” - und nicht das einfache Produkt.

8.1.) Positionierung

Noch Fragen? Na dann ist ja alles klar! Dann habe ich noch ein paar wichtige Fragen für dich und deine Positionierung.

- ☐ Wer ist meine Zielgruppe
- ☐ Wen will ich erreichen?
- ☐ Welche Probleme löse ich?
- ☐ Was bringt mir das?
- ☐ Welche Sorgen und Ängste halten deinen Kunden nachts wach?

Je schärfer und spitzer du dein Angebot gestaltet ist, desto besser ist der **Kundennutzen** für deine

Zielgruppe erkennbar. Wenn du zum Beispiel in den DM gehst und nach einer Feuchtigkeitscreme suchst, dann erschlägt dich das Regal mit unfassbar vielen Produkten. Jetzt kommt der "schlaue" Hersteller von Cremes und "positioniert" sein Produkt als "Feuchtigkeitscreme für Männer mit Bart". Auf magische Weise fühlt sich eine **spezifische Zielgruppe** angesprochen. Und genau das ist der Trick. Indem du dein **Angebot klar und deutlich** auf ein Merkmal oder eine sehr spezifische Zielgruppe anpasst. Dein Zielkunde erkennt also sehr schnell, dass du seine Situation verstanden hast. Die (psycho-) logische Konsequenz: deine Positionierung hilft dem Interessenten, eine schnelle Entscheidung zu treffen. Und darum geht es im heutige Verkauf: du bist **Entscheidungshelfer**!

8.2.) Deine Westentasche

Kenne dein Produkt und/oder deine Dienstleistung - dieses Wissen gehört zu den fundamentalen Verkaufsregeln. Wenn du dein Produkt nicht kennst, dann erwarte auch nicht, dass du es verkaufst. Selbstverständlich haben deine Kunden neugierige Fragen an dich und dein Angebot. Sei dir sämtlicher Produktmerkmale bewusst.
Am besten schreibst du dir jedes noch so kleine Merkmal auf. Was ein Merkmal ist? Ganz einfach. Ein PKW mit Automatikgetriebe, eine Lesebrille mit LED-Beleuchtung oder ein Smartphone mit einem kratzer-resistenten Display. Das sind einfache Produktmerkmale und jedes davon hat natürlich auch Vorteile für den Kunden. Was ist denn ein wertvoller Vorteil beim Automatikgetriebe? Richtig, das Auto schaltet wie von Zauberhand automatisch rauf und runter. Die beleuchtete Brille hat den Vorteil, dass der Träger selbst nachts seine Bücher lesen kann. Ein stabiles Display hat den Vorteil, dass die Oberfläche für lange Zeit in einem guten Zustand bleibt. So weit so gut. Ich denke du verstehst, worauf es im ersten Schritt ankommt. Begeistere deine Kunden mit relevanten Vorteilen und du bist deinem Verkaufserfolg einen Schritt näher. Denn Begeisterung im Verkauf steckt an und wirkt wie ein ein leistungsstarker Katalysator im Verkauf!

Aufgabe: Produktmerkmale und Vorteile
Erstelle eine Liste von mindestens zwanzig individuellen Merkmalen deiner Dienstleistung oder deines Produkts. Zusätzlich definierst du für jedes Merkmal mindestens einen Vorteil aus Sicht des Kunden.

8.3.) Nutzenerwartung von Entscheidern

Hast du dich mal gefragt, warum du ein Produkt kaufst oder eine Dienstleistung nutzt? Welche speziellen Faktoren beeinflussen deine eigene Kaufentscheidung? Antwort gefunden? Wunderbar! Jetzt wechseln wir die Perspektive. Stell dir mal vor, warum dein Kunde bei dir kaufen sollte? Was denkst du, nach welchen Kriterien dein Kunde eine Kaufentscheidung fällt? Wenn du dir diese Fragen aus Sicht deiner deiner Geschäftskunden beantwortest, dann bist du in Zukunft unglaublich gut vorbereitet. Im B2B Vertrieb hast du es mit verschiedenen Entscheidungsträgern zu tun. Ein Techniker verspricht sich einen anderen Nutzen als der Einkäufer. Geschäftsführer wiederum sehen eine Investition immer ganzheitlicher als der Einkäufer. Entsprechend musst du deine Nutzenargumentation und deine Verkaufssprache an die jeweilige "Zielgruppe" anpassen.

Die Nutzenerwartung eines Einkäufers

- ☐ einfache und optimierte Bestellvorgänge
- ☐ kompetente Ansprechpartner im Unternehmen und adäquate Serviceleistung
- ☐ ein attraktives Preis-/ Leistungsverhältnis
- ☐ Zuverlässigkeit bei der Terminabwicklung und pünktliches Einhalten von Deadlines
- ☐ Dynamische Liefermodalitäten - schnell und unkompliziert
- ☐ Unbürokratische Kommunikation und Verwaltung
- ☐ Übersichtlichkeit und Transparenz im Einkauf

Die Nutzenerwartung von Technikern

- ☐ Zuverlässigkeit und Sicherheit haben eine hohe Priorität
- ☐ Eine wirtschaftliche Fertigung setzt einen reibungslosen Produktionsablauf voraus
- ☐ Dein Produkt muss kompatibel sein
- ☐ Der Stand der Technik ist sehr wichtig
- ☐ Vereinfachung
- ☐ Verkleinerung
- ☐ Gewicht sparen
- ☐ Leichte und unkomplizierte Bedienung, Verarbeitung und Wartung
- ☐ optimale Wartungsintervalle

Die Nutzenerwartung von Geschäftsführern

- ☐ Wirtschaftlichkeit: geringe Kosten, mehr Umsatz, steigender Gewinn
- ☐ Public Relation: positive Auswirkung auf das Image
- ☐ Interne Faktoren: besseres Betriebsklima, weniger Ausfälle, reibungsloser Ablauf in der Organisation niedrige Krankheitsquoten,
- ☐ Steigerung der Produktivität, Motivation und Lebensqualität der Mitarbeiter
- ☐ Integration im Tagesgeschäft
- ☐ Verminderung von Risiken und Ausfällen
- ☐ Durchlaufzeiten von neuen Projekten reduzieren
- ☐ Wettbewerbsvorteile gegenüber den auf den Markt befindlichen Wettbewerbern

Aufgabe 1 - Deine Nutzenargumentation
Erstelle eine Liste deiner Nutzenargumentation aus Sicht der Entscheider, die Du in deinem Geschäft als Verkäufer überzeugen musst. In Zukunft benutzt du diese Argumente, damit du die Ziele deiner Kunden klarer siehst. Du überzeugst dadurch deinen Gesprächspartner aus seiner Perspektive. Gerade weil Menschen ihren eigenen Argument selten widersprechen, kommst du dem Abschluss einen wichtigen Schritt näher. Viel Erfolg bei der Umsetzung.

Aufgabe 2 - Fragerunden mit dem Kunden
Du hast bereits einen einen soliden Kundenstamm aufgebaut? Prima, dann investiere jetzt ein paar Stunden und kontaktiere deine Kunden mit dem Ziel, in Erfahrung zu bringen, wie du deinen Kunden in der Vergangenheit weitergeholfen hast. Aus diesen Informationen kannst du wieder neue Nutzenargumentationen basteln.

8.4.) Zielorientierte Nutzenargumentation

Wer seine Kunden wirklich verstehen will, der muss sich die "Kundenbrille" aufsetzen und dessen Perspektive einnehmen. Nur dann bist du als guter Verkäufer in der Lage die Bedürfnisse und den wahren Kundennutzen zu erkennen. Ich benutze in meinen Verkaufsgesprächen ein **mächtiges Instrument**: die ZNA. Mit dieser magischen Formel zeigst du deinem Kunden einfachen Schritten dessen individuelle Vorteile. Das garantiert dir im Gespräch, dass deine Produkte und/oder Dienstleistungen emotional greifbarer sind. Die meisten Menschen begründen ihren Kauf mit rationalen Argumenten. Deine Kernaufgabe besteht also darin, deinem Interessenten das künftige Ergebnis und den Nutzen greifbar zu machen.

Zielorientierte Nutzenargumentation im Überblick:

- ☐ ZNA = Zielorientiert, Nutzen, Argumentation
- ☐ Eine 5 Schritte-Formel für die perfekte und überzeugende Produktpräsentation
- ☐ Kundenspezifischer Nutzen
- ☐ Fokus auf die Nutzenerwartung und den Käufertyp
- ☐ Kaufmotive sind mit eingebunden
- ☐ Wettbewerbsvorteil: Starke Nutzenargumente hebeln schwache Argumente aus

Wie sieht dieses Geheimrezept in der Praxis aus? Benutze diese Blaupause, damit auch deine Verkaufsargumente zu pushen. Das führt eben dazu, dass du deinen Kunden von seinem Standpunkt abholst und den Nutzen in seinem Sinne formulierst:

Baustein	Inhalt
Einleitung	Du erhältst / bekommst...
Merkmal	...Unterstützung beim Aufbau deiner Vertriebsprozesse.
Vorteil	Das bedeutet für dich, dass wir gemeinsam den für deinen Markt besten Verkaufsprozess erarbeiten, ganz individuell.
Verbindungswort	Das sorgt bei dir...
Kundennutzen	...für einen Wettbewerbsvorteil in deiner Branche, um dein vorhin genanntes Ziel, die Nummer 1 in deinem Markt zu werden - auch wirklich zu erreichen. (Rot, Status, Prestige, Ergebnisse)

8.5.) Bonus - Überzeugend wirken

Ein begeisterter Verkäufer brennt von Innen und trägt diese Energie nach außen! Bist du von deinem Angebot überzeugt? Glaubst du an deine Produkte? Wie heißt bist du darauf, einen neuen Kunden für dich zu gewinnen? Mit einer ordentlichen Portion an Überzeugung erschaffst du immer eine Atmosphäre des Vertrauens. Wenn dir dein Interessent sein Vertrauen schenkt, dann ist hast du einen wichtigen Meilenstein im Verkaufsprozess erreicht.
In diesem Kontext gebe ich dir vier Eigenschaften mit, die deine Überzeugungskraft nachhaltig positiv beeinflussen.

Klarheit

Als Verkäufer musst du in der Informationswelt davon ausgehen, dass dein Kunde sehr viel über dein Produkt/ deine Dienstleistung weiß. Deswegen ist es enorm wichtig, dass du deine Nutzenargumentation so präzise wie ein Uhrwerk, prägnant und verständlich an deine Kunden transportieren kannst. Ein potentielles Problem bei der zwischenmenschlichen Kommunikation steckt immer in den Startlöchern: Missverständnisse. Wenn du bereits in deiner Nutzenargumentation diese Unklarheiten beseitigen kannst, dann versteht dich dein Gegenüber auch klar und deutlich.

Verstehen

Kannst du dich in die Lage deines Kunden versetzen? Was will er oder sie? Welche Bedürfnisse muss dein Produkt und/oder deine Dienstleistung erfüllen. Verstehen bedeutet nichts anderes, als Verständnis für deinen Gesprächspartner aufzubauen. Denn nur dann kannst du die Lösung aus Sicht deines Kunden präsentieren.

Sinnhaftigkeit

Eine Frage musst du deinem Kunden immer beantworten können: Macht die Investition aus SEINER/ oder IHRER Sicht überhaupt Sinn? Es liegt also an dir, den Sachverhalt des Verkaufsgesprächs für deinen Kunden im größeren Zusammenhang zu stellen. Dazu ein Beispiel aus meiner Praxis: für ein junges Startup aus der Fintech Branche akquiriere ich eiskalt Kunden und bevor ich einen potentiellen Geschäftsführer ans Telefon bekomme, investiere ich selbst 3 bis 5 Minuten um den Kern seines Geschäfts zu verstehen. Darüber hinaus brauche ich natürlich noch Brancheninformationen Diese Informationen recherchiere ich aus verschiedenen Quellen. Danach bilde ich mir eine Vorstellung davon, inwieweit mein Angebot für den potentiellen Kunden interessant ist und aus seiner Sicht Sinn macht.

Offenheit

Wie offen kannst du über deine Wünsche, Interessen oder Befürchtungen äußern? Viele Menschen haben das in der Erziehung verlernt. In der höflichen und freundlichen Kommunikation heißt es häufig: halte dich zurück und sage nicht das, was du denkst. Und genau das ist der Punkt, warum es Menschen gibt, die sich nicht mehr ehrlich und dadurch auch authentisch äußern können. Dazu kommt noch der Faktor, dass einige Menschen die Dinge zu persönlich nehmen und eine offene und direkte Kommunikation das Ego des anderen verletzt. Diese negative Ausprägung gilt es im Verkaufsprozess vermeiden. Denn wenn du offen in ein Verkaufsgespräch gehst dann baust du zwei wichtige Werte auf: Vertrauen und Glaubwürdigkeit. Wichtig: dem anderen immer nur das zu sagen, was er oder sie hören möchte führt zu einem verzerrten Kommunikationsprozess. Entsprechend gebe auch offen zu erkennen, wenn du (noch) keine Lösung für das Problem hast.

Vor einiger Zeit führte ich ein Verkaufsgespräch mit einer Geschäftsführerin aus der Baubranche. Da ich bei meinen Gesprächen schnell auf den Punkt komme sorge ich in den meisten Fällen für ein gutes Gesprächsklima. Ich bemerkte bei der Frau einen skeptischen Tonfall. Darauf hin sagte ich ihr folgendes: "Frau Schneider, ich kann mir vorstellen, dass es Ihnen komisch vorkommt. Da ruft jemand an, den sie gar nicht kennen, von einer Firma, dessen Namen Sie noch nie gehört haben.
Ich kann ihre Skepsis sehr gut verstehen. Jetzt mache ich Ihnen folgenden Vorschlag..."

Kurze Pause für einen Spannungsbogen...

Gehen Sie für eine Minute ins Internet, googeln Sie meinen Namen und dem des Unternehmens für welches ich Sie anrufe."

Dann ein Kurzes Schweigen. Ich hatte nichts zu verlieren, denn nicht gewonnen hatte ich sie schon. Einen Moment später hörte ich auf der anderen Seite ein freundliches Lachen. Da wusste ich: das Eis ist gebrochen. Ich konnte das leise "Knacken" förmlich hören. Danach führte ich ein sehr gutes Gespräch und wir gewannen Sie als Kundin. Manchmal ist es so einfach und die Macht der Internetpräsenz ist nicht zu unterschätzen! Die Essenz aus dem Gespräch: Gehe offen auf die möglichen Bedenken deiner Gesprächspartner ein und kommuniziere offen und authentisch!

9.) Einwandbehandlung

Kaltakquise am Telefon ist die Königsdisziplin - keine Frage. Wie oft wimmelt dich der Geschäftsführer direkt nach dem ersten Satz ab? Du musst immer bedenken, dass diejenige Person am anderen Ende der "Leitung" überhaupt nicht weiß, wer du bist. Soll heißen, nimm die Abfuhr erstmal nicht persönlich. Menschen lehnen vom Grundsatz her erstmal sehr viel ab und wenden sich gegen diesen äußeren Einfluss - der klassische Einwand. Am Anfang gilt es, beharrlich zu sein und bereite dich darauf vor, dass einige Eintrittsbarrieren überwinden musst. Das spätere Ziel: Du kennst mindestens einen Einwand mehr als deine Kunden! Denn mit dieser phänomenalen Einstellung weißt du bereits im Vorfeld, was du deinem Kunden entgegnen kannst. Doch bevor wir jetzt anfangen, eine riesige Delle ins Universum zu schlagen, gehen wir auf die Basics der Einwandbehandlung ein. In diesem Kapitel gehe ich darauf ein, wie du die gängigsten Einwände souverän meisterst.

"Keine Zeit."

"Wir haben kein Interesse."

"Kein Bedarf."

"Sie sind zu teuer."

"Rufen Sie in XYZ Jahren wieder an."

Vorwände und Einwände sind **feste Schutzmechanismen** bei unseren potentiellen Kunden. Woran liegen die Ursachen? In unserer stark auf Konsum orientierten Welt wollen Menschen sich vor "schlechten" Verkäufern schützen und kontern jeden Kontakt prinzipiell mit einem "NEIN". Diese Ablehnung ist aber aus verschiedenen Gründen in ablehnenden Einwänden oder schlichten Vorwänden verpackt - Höflichkeit wird in Deutschland immer noch sehr groß geschrieben. Wie vor einer großen Barrikade bestehend aus Einwänden und Vorwänden finden sich Verkäufer wieder und sehen für sich und ihr Angebot kein Durchkommen. Jedoch lassen sich viele Ein- oder Vorwände durch eine geschickte Gesprächsführung entschlüsseln und entkräften. Wie das geht und wie du mit welchen "Ausreden" umgehst, genau darüber erfährst du auf den nächsten Seiten mehr.

Wie reagierst du, wenn dir jemand am Telefon sagt, er habe keine Zeit? Willst du mich verarschen? Warum bist du überhaupt ans Telefon gegangen - nein Spaß beiseite. Jeder Mensch hat jeden Tag exakt **24 Stunden** zur Verfügung. Das entspricht einem Zeitfenster von genau **1440 Minuten**. Wie lange dauert ein Telefonat? Im ersten Kontakt maximal 10 Minuten. Du musst direkt auf den Punkt kommen. Überzeuge deinen Interessenten innerhalb von Sekunden davon, dass es sich lohnt, am Telefon zu bleiben!

Aufgabe: Mit welchen **10 Einwänden** hast du in deinem täglichen Akquise-Gesprächen zu kämpfen? Notiere dir deine Ergebnisse in deine Kursunterlagen.

9.1.) Warum entstehen Einwände?

Vielleicht erinnerst du dich an jene Verkaufsgespräche, in denen du der Kunde gewesen bist. Jetzt solltest du dich fragen, warum DU damals **nicht gekauft** hast. Welche Gedanken kommen dir in den Sinn? Aus psychologischer Sicht kommen Deals deswegen nicht zustande, weil ein paar **wichtigen Zutaten** fehlen - Vertrauen ist eine davon.

Wenn die **Vertrauensbasis** fehlt, dann

- ☐ vertraut sich der Kunde selbst nicht
- ☐ vertraut er dem Verkäufer nicht
- ☐ vertraut er dem Produkt nicht
- ☐ vertraut er dem Unternehmen nicht

Die Frage ist natürlich, wo der Schuh am meisten drückt. Vertraue mir an dieser Stelle: Wenn du dieses Problem ignorierst, dann fehlt dir das Fundament für ein offenes Gespräch. Das wäre so als würdest du versuchen einen Wolkenkratzer auf weichem Untergrund bauen. Was Du brauchst ist ein festes Fundament und besteht aus Vertrauen. Sonst prallen alle deine Versuche an deinem Gesprächspartner ab. Ich nenne das den **Lotus-Effekt** - deine Worte perlen wie Wasser auf der Lotuspflanze ab. Ergebnis: du erreichst deinen Kunden auf keiner Ebene und den Verkauf kannst du vergessen!

Deine Kunden lügen

Fakt ist: Kunden und Interessenten lügen. Sie erzählen viel Schwachsinn und lügen sich selbst in die Tasche. Ich hatte mal einen Interessenten, der mir weismachen wollte, dass sein Unternehmen in Geld schwimmt. Damals telefonierte ich für einen Kreditvermittler für Unternehmen. Nach der Prüfung seines Unternehmens stellte sich heraus, dass er blank wie ein Babypopo war. Es ist wie es ist. Menschen erzählen dir aus falscher Höflichkeit vom Pferd oder wollen ihr Gesicht nicht verlieren. Das sind oberflächliche Gründe, woraus die meisten **Einwände oder Vorwände** entstehen. Die Auflistung der tieferen Gründe findest du hier:

- ☐ Die Sympathie zwischen euch fehlt
- ☐ Das Produkt / die Dienstleistung passt nicht
- ☐ Dein Kunde hat nicht alles verstanden
- ☐ Informationsmangel
- ☐ Der Schmerz ist zu klein → der wahre Schmerz wurde nicht erkannt
- ☐ Dein Kontakt ist nicht gut qualifiziert
- ☐ Keine Dringlichkeit und/oder kein Pain
- ☐ Deine Produktpräsentation war nicht gut
- ☐ Der Kunde hat sich nicht verstanden gefühlt
- ☐ Es sind keine Ziele klar geworden

Wenn du diese Checkliste ab arbeitest, dann erhöhst du die Wahrscheinlichkeit enorm, dass keine Widerstände in Form von Einwänden entstehen. Damit gestaltest du eine passende Ausgangssituation für ein ehrliches Gespräch.

9.2.) Umgang mit Einwänden und Vorwänden

Igitt - Einwandbehandlung! Dabei war ich doch souverän und habe sämtliche Fragen beantwortet... Ab jetzt wird es richtig unangenehm und unschön! Viele Vertriebler geraten bei Einwänden stark ins wanken. Nun geht die Manipulation und Diskutiererei los...Fakt ist: die meisten Verkäufer gehen mit dieser negativen Einstellung in die Einwandbehandlung. Dieser als unangenehme Teil des Verkaufs empfundene Schritt ist einer der wichtigsten überhaupt. Wenn du alle Einwände und Fragen deines Interessenten behandelt und beantwortet hast, dann steht dem Auftrag grundsätzlich nichts mehr im Wege, einverstanden?

4 Kurztipps im Umgang mit Einwänden

Nr. 1) Versetze dich in die Lage des Kunden

Nr. 2) Schau dir die Aussage oder Frage genauer an

Nr. 3) Kein Einwand ist ein Angriff gegen dich persönlich

Nr. 4) Sei immer auf Einwände vorbereitet

Finde den Grund heraus, warum er wirklich nicht kaufen kann. Ist das ein Einwand oder ein Vorwand? Warum will dein Interessent jetzt noch nicht den

nächsten Schritt gehen? Immer wieder verzögern sich dadurch Abschlüsse und das zerrt natürlich an den Nerven.
Deine wichtigste Aufgabe: Du bist Entscheidungshelfer und deinem Kunden ist am besten dabei geholfen, wenn du jeden Einwand behandelst und darauf eingehst. An dieser Stelle will ich dir eine kleine Blaupause mitgeben:

Der wohl wichtigste Punkt: **zuhören**. Gib deinem Kunden erstmal den **Raum**, seine Bedenken zu äußern.

“Herr Webers, der Preis ist mir zu hoch.”

Ohne überhaupt an die einstudierte Einwandbehandlung zu denken, nimmst du den **Einwand zur Kenntnis**.

“Herr Kunde, danke, dass Sie so offen darüber sprechen und mir sagen, dass der Preis zu hoch ist. Nur so kommen wir auf Augenhöhe weiter...”

Dann wendest du einen wichtigen strategischen Schachzug an. Du **isolierst** den Einwand und konterst:

“Herr Kunde, gibt es, abgesehen vom Preis, noch etwas anderes was Sie auf dem Herzen haben?”

“Nein”

Falls dein Interessent mit "Ja" antwortet, musst du erstmal darauf eingehen bzw. den Punkt mit auf deine Checkliste nehmen. Weiter im Text.
"Okay, Herr Kunde. Wenn Ihnen die Gesamtsumme zu hoch ist, dann prüfen wir nochmal, von welchem konkreten Mehrwert / ROI Sie bei einer gemeinsamen Zusammenarbeit profitieren. Dann haben wir es schwarz auf weiß, dass Sie die Investition in Zeitraum X wieder raus haben. Außerdem können wir auch einen Zahlungsplan ausarbeiten, wenn Ihnen das bei der Entscheidung weiterhilft. Was halten Sie davon?"

Jetzt heißt für dich still sein! Du prüfst jetzt ganz gezielt, ob es wirklich nur am "Preis" liegt. Vielleicht gibt es noch andere Unklarheiten. Dann musst du natürlich wieder den wahren Einwand filtern und nach dem gleichen Prinzip behandeln. Der vorletzte Schritt: **deinen Kunden festnageln**. Das machst du aber nur dann, wenn es "nur" noch am Preis liegt.

"Herr Kunde, mal angenommen wir machen den ROI oder den Mehrwert von X greifbar, dann können wir starten?"

Jetzt bist du auf der Zielgeraden angekommen, um endlich den Abschluss zu machen. Herzlichen Glückwunsch!

9.3.) Keine Zeit

Zeit ist das kostbarste Gut der Menschen und lässt sich nicht so wie Geld, in Massen nachdrucken. Besonders im B2B-Vertrieb lassen dich Geschäftsführer und Entscheider knallhart spüren, dass du auf den Punkt kommen musst. Meine bisherigen Erfahrungen mit dem Einwand **"Keine Zeit"** lassen sich einfach ausdrücken: Kein Geschäftsführer ist bisher ans Telefon gegangen mit dem direkten Einwand, er habe keine Zeit. Das Problem bei vielen Verkäufern steckt zwischen den Ohren. Viele meiner Klienten denken ernsthaft, dass Sie die Zeit des anderen "erfragen müssen". Dein Interessent muss sich die Zeit für deine spannende Lösung nehmen - alles eine Frage des Mindsets. Verrückt? Dann denk nochmal über dein Mehrwert nach. Wenn dein Angebot wirklich so gut ist, dann wird das auch jeder kluge Unternehmer erkennen und sich dann auch die Zeit nehmen! Gehe selbstbewusst und mit voller Überzeugung in das Gespräch. Sei kein Bückling und suggeriere deinem Gesprächspartner du würdest ihm die Zeit stehlen!

Wichtig: du sollst jetzt nicht wie die wilde Axt im Walde herumkreisen. Respektiere die Zeit deiner Kunden! Wie dachte Napoleon in lauten Gedanken treffend:

Es gibt Diebe, die nicht bestraft werden und einem doch das kostbarste stehlen: die Zeit.

Erwartungshaltung anpassen

Du leitest bereits im Vorfeld ein, dass dieses Gespräch keine Ewigkeit dauert. Du zeigst deinem Gesprächspartner den nötigen Respekt und achtest seine Zeit:

"Herr Kunde, darf ich für Sie direkt auf den Punkt kommen?"

"Frau Kundin, für Sie ist es doch okay, wenn ich direkt auf den Punkt komme."

Schlechtes Zeit-Framing

Ein kräftiger Biss auf deine Zunge, falls dir eine dieser Einstiegsfragen in den Sinn kommt:

"Herr Kunde, mein Name ist Frau Verkäuferin und ich wollte fragen, ob Sie kurz Zeit für mich haben."

"Frau Kundin, störe ich Sie gerade oder haben Sie ein paar Minuten für mich?"

"Herr Kunde, darf ich Sie kurz stören?"

Wie du sicherlich erahnen kannst, kassierst du mit hoher Wahrscheinlichkeit dreimal ein Nein. Vielen Dank und auf nimmer Wiedersehen. Der erste Eindruck zählt und die hast du mit diesen Höflichkeitsfloskeln direkt verspielt.

Hypothetische Zeit

Falls es doch ein zeitliches Problem geben sollte, kannst du die Führung recht schnell wieder auf deine Seite bringen:

“Herr Kunde, mal angenommen, Sie hätten Zeit, dann werden Sie sich doch fünf Minuten Zeit nehmen, um meine Informationen in einem persönlichen Gespräch prüfen.”

Mit diesen Einsteiger-Strategien erhöhst du in Zukunft deine Gesprächs-Quote. Gleichzeitig reduziert sich die Gefahr, dass dein Gegenüber dich aus zeitlichen Gründen versetzt.

9.4.) Wir haben bereits einen Lieferanten

Und hier stehen wir bei der Killerphrase Nummer zwei für alle Verkäufer: Wir sind bereits versorgt. An dieser Stelle klinken sich die meisten Verkäufer bereits aus und geben ohne Nachdruck einfach auf. Die Tatsache, dass der Kunde bereits einen Lieferanten/ Dienstleister oder Ähnliches im Boot hat, lässt doch auf eines schließen: Das Thema ist relevant und definitiv von Bedeutung für deinen Neukunden.

Die Henry-Ford-Methode

Du bist sicherlich schon über diesen alten Verkäuferhut gestolpert. Mache ersetzen den Henry Ford durch die Oma oder Mutti. Jedoch öffnet dieser Spruch immer wieder verschlossene Türen und sorgt für einen Lacher.

"Ich prüfe jedes Angebot, denn es könnte das Angebot meines Lebens sein. Prüfen SIe uns jetzt, mein Terminangebot für Sie Herr Kunde ist folgender: Wochentag, Datum, Uhrzeit - wie sieht es an diesem Tag bei Ihnen aus?"

Beharrlichkeit gewinnt immer. Die Frage ist eben, ob du den Auftrag machen willst oder nicht! Deswegen ergreife jede Chance für den nächsten Schritt!

Die Zwei-Vorteile-Methode

Diesen Joker kannst du immer nutzen. Hartnäckige Verkäufer wollen dem Kunden ihr Angebot unterbreiten und du argumentierst ganz sachlich und logisch:

"Herr Mayer, unser Gespräch hat zwei Vorteile für Sie: Entweder Sie bekommen die Bestätigung, dass sie einen akzeptablen Partner haben ODER Sie erhalten heute ein Angebot für einen besseren Partner in der Zukunft.

Kurzes Schweigen und dann die Terminierung für einen persönlichen Termin, telefonisch oder direkt im Office.

"Wann passt es bei Ihnen in der kommenden Woche am XX.YY. um 15:00 oder am ZZ.YY. um 16:00?"

Jetzt musst du nur noch einen Termin absprechen und dann geht es in die zweite Runde. Das ist das primäre Ziel in der Akquise.

Referenz-Methode

Wer sein Ziel verfolgt, der findet immer wieder neue Wege! Bei dieser Methode zeigst du deinem Kunden, dass du transparent bist und verweist auf einen zufriedenen Kunden von dir.

"Herr Mayer, alle meine heutigen Kunden waren damals bei einem anderen Unternehmen. Wenn ich mich mit Bestandskunden unterhalte, dann bestätigen mir diese gerne, dass sie die richtige Entscheidung getroffen haben. Sie können gerne einen meiner Kunden kontaktieren und sich selbst ein Bild davon machen."

Jetzt kommt ein kleiner, aber feiner Trick.

"Die Nummer gebe ich Ihnen gerne bei unserem Termin, danach können Sie ihn direkt anrufen. Wie sieht es bei Ihnen nächste Woche aus?

Und dann machst du die **Terminabsprache** nach dem bekannten Schema.

9.5.) Wir haben keinen Bedarf

Für viele Verkäufer ist diese Aussage der vorläufige Gnadenstoß. Die meisten sind dann gedanklich auf der roten Taste - auflegen und den nächsten anrufen. Realitätscheck: du rufst nie in der Regel zum "richtigen" Zeitpunkt an. Oder hast du mal einen Kunden gehabt, der begeistert ruft:

"Gut, dass Sie anrufen! Ihr Produkt bzw. Dienstleistung benötige ich JETZT!"

Mein Mentor trichtert mir immer wieder ein:

Übersetze die Phrase "keinen Bedarf" mit folgenden Worten: "Wie profitiere ich von deinen Produkten bzw. Dienstleistungen?"

Mit dieser Aussage gibt es mehrere Möglichkeiten, einen Bedarf zu erzeugen, um im Gespräch zu bleiben.

Und dann gehst du in die zweite Runde - hier ist sehr viel **Hartnäckigkeit** gefragt.

"Okay, Herr Mayer, ich verstehe. Nur zum **Verständnis**, wenn Sie sagen, dass Sie keinen Bedarf sehen, dann

a) weil Sie in diesem Bereich bereits **gut versorgt** sind
b) weil Sie in dieser Richtung **bisher nichts einsetzen**?

Hier zählt wieder die: **Wer fragt, der führt**. Während der Zeit als Verkäufer in der Unternehmensfinanzierung haben ich die Tore mit verschiedenen Fragen geöffnet:

1) "Herr Mayer, wo sehen Sie aktuelle Engpässe bei der Finanzierung von Klein- und Mittelständischen Unternehmen?"
2) "Herr Mayer, welche Erfahrungen haben Sie bei der Kreditvergabe für Ihre Projekte gemacht?"
3) "Frau Schneider, was ist bei Ihnen im Bereich X aktuell so relevant, dass Sie dafür gerne eine maßgeschneiderte Lösung hätten?"

Gefragt geführt - und dann lässt du deine Interessenten erstmal sprechen. Aus den gesammelten Informationen kannst du sehr schnell einen möglicher Bedarf erkennen. Und mit dieser Einstellung wirst du einen Bedarf bei deinen Kunden wecken können. Apropos, das ist auch wieder eine Frage der Einstellung: Als Verkäufer mache es mir zum Leitbild, die aktuelle Situation meines Kunden messbar zu verbessern.

Zurück zur Realität der Vertriebswelt: Durch den "Schock" verpassen viele Verkäufer einen möglichen Abschluss und geben direkt auf. Manche von Ihnen fragen dann noch unterwürfig:

"Wann darf ich mich wieder melden?"

Mit dieser unterwürfigen Frage bist du so gut wie raus aus dem Deal.

Eine andere Variante für "wir haben keinen Bedarf" lautet: Wir sind zufrieden mit der aktuellen Lösung. Erfahrene Verkäufer wissen, dass sie hier durchaus ins Geschäft kommen können, denn der potentielle Kunde hat bereits Investitionen im Bereich X getätigt.

Wir Menschen haben eine Veranlagung dafür, Dinge miteinander zu **vergleichen**. Und es gibt unzählige Beispiele, in denen Menschen alleine durch den Vergleich Zeit, Geld oder beides gespart haben. Deswegen funktioniert das **Vergleichsangebot** in den meisten Fällen sehr gut. Denn wie damals Henry Ford zu sagen pflegte:

"Ich prüfe jedes Angebot, denn es könnte das Angebot meines Lebens sein."

Manchmal haue ich dieses Zitat bei meinem Gespräch raus, ganz nach der Devise: Nicht gekauft hat er schon und ich kann in dieser Situation nur dazu gewinnen. Und mal unter uns: ich ernte damit erstmal einen Lacher. So öffne ich mir den Weg, um zumindest diesen Fuß in die Tür zu bekommen. Ich erarbeite mir einen kleinen Vorsprung. Verbunden damit baue ich mir die Möglichkeit auf, dass ich mit meinem potentiellen Geschäftspartner das vorliegende Angebot bespreche. Denn genau darum geht es: immer den nächsten Schritt anzustoßen!

9.6.) Wir haben kein Interesse

Wie oft habe ich diesen Satz schon gehört? Wenn ich jedesmal einen Euro dafür bekäme, dann hätte ich bereits ein kleines Vermögen.

Insbesondere die Palastwache oder die Assistentin nimmt sich gerne heraus, diesen Einwand zu bringen. Sie werden regelrecht darauf trainiert. Wenn anderen Ende wieder irgendein Verkäufer ist, dann sprudelt dieser Spruch reflexartig aus ihnen heraus. Denn ihre primäre Aufgabe ist es, Unwichtiges von den wichtigen Dingen zu sortieren.

Okay, wir gehen mal davon aus, dass du mittlerweile ein Palastwachen-Knacker geworden bist und zu 90% zum Geschäftsführer oder Entscheider durchkommst.

Wenn du deine Hausaufgaben bei der Kundenrecherche gemacht hast, dann muss dein Angebot grundsätzlich für deinen Gesprächspartner interessant sein. Andernfalls musst du deine Zielgruppe nochmal anpassen.

Fragen öffnen dir den Weg

"Herr Mayer, was müsste denn für Sie herausspringen, um Ihr Interesse zu wecken?"

"Frau Schmidt, vielen Dank, dass Sie offen mit mir sprechen. Nur so kommen wir weiter. Ich rufe nicht an, um sie hier und jetzt von ihrem aktuellen Lieferanten / Dienstleister abzulösen. Sind Sie denn grundsätzlich offen für Ideen, über die Sie eventuell noch gar nicht nachgedacht haben?”

Umdeutungsstrategie

“Herr Grieß, verstehe ich Sie richtig, dass ich es noch nicht geschafft habe Ihnen die für Sie wichtigen **Vorteile** und den **Nutzen** für Ihr Unternehmen zu verdeutlichen?”

“Okay, dann lassen Sie uns doch unter dem Aspekt XY ein Gespräch führen, mein Terminvorschlag …”

Mit diesen beiden Strategie bleibst du vorerst im Gespräch und hast den berühmten Fuß in der Tür. Der verbindliche Termin ist zumindest ein kleines Zugeständnis. Bereite dich bestmöglich für den Termin vor und du bist deinem Abschluss einen Schritt näher.

9.7.) Sie sind zu teuer!

An dieser Stelle schrecken die meisten Verkäufer wie ein scheues Reh zurück. Denn jetzt kommt es ganz darauf an, wie du darauf reagiert. JEDER Kunde will natürlich etwas am Preis machen. Das ist gut für das Ego, wenn du am Ende der Verhandlung sagen konntest: "Ich habe noch 10% Rabatt bekommen". Grundsätzlich mache ich meine Dienstleistungen immer etwas teurer und rechne einen möglichen Rabatt ein. Diesen Spielraum nutze ich aber nur im Notfall, wenn es absolut kein Weiterkommen mehr gibt.

Zurück zum Einwand, denn an dieser Stelle ist eines besonders wichtig: Ruhe bewahren und abwarten. Wie früher in der Fahrschule vor dem Stoppschild sagst du folgendes - leise zu dir selbst:

"Einundzwanzig, zweiundzwanzig, dreiundzwanzig."

Die meisten Verkäufer machen jetzt den Fehler und **rechtfertigen den Preis** und versuchen dann mit einem Rabatt den Auftrag zu machen. Jetzt musst du erstmal die Wurzel finden, warum dein Kunde denkt, dass dein Angebot nicht den genannten Wert.

Im Anschluss gebe ich dir fünf der wichtigsten Fragen mit. Mittels dieser "Wertfragen" öffnest du deinen Kunden für ein tieferes Gespräch und bekommst dadurch wertvolle Informationen.

"Okay, Warum glauben Sie, dass das Produkt / die Dienstleistung zu teuer ist?"

Teuer ist ja immer ein relativer Begriff. Dementsprechend bekommst du mit dieser Frage wichtige Informationen und Einwände. Jetzt heißt es für dich: Lauscher auf Empfang stellen und zuhören!

„Haben wir vielleicht einige Punkte noch nicht abgehakt?"

Hier liegt der Fokus darauf, dem Kunden nochmal Punkt für Punkt aufzuzeigen, was dein Kunde für sein Investment bekommt. Psychologisch gesehen wollen wir den **vermeintlichen "Verlust" des Geldes** mit dem Gewinn ausbalancieren. Menschen neigen dazu einen Verlust zu vermeiden. Mittels dieser Frage wertest du dein Produkt oder deine Dienstleistung unter dem Fokus "Gewinn" wieder auf. Letztlich rückst du das Ganze in ein besseres Verhältnis - natürlich zu deinem Gunsten.

"Ich verstehe, aber was würde es kosten, wenn Sie nichts tun?"

Mit dieser Frage drehst du den Spieß um und spielst auf die Opportunitätskosten an. Damit gehst du auf die versteckten Kosten ein, die dann entstehen, wenn der Kunde den Status Quo aufrecht erhalten will.

„Mal Angenommen, Geld spielt im Augenblick keine Rolle. Wie könnte unser Produkt / unsere Dienstleistung Ihnen bei Ihrem Problem helfen?“

Schneller bringst du deinen Kunden nicht dazu, sich das Produkt oder die Dienstleistung aus der Sicht des Mehrwerts zu verkaufen. Insbesondere die ersten beiden Argumente sind sehr wichtig! Dort liegen die wahren Interessen und Kaufmotive des Kunden. Setze dir am besten gedankliche Anker oder schreibe dir Keywords auf!

„Ist der Preis das einzige, was Sie zögern lässt?“

Mit dieser Frage isolierst du den Einwand. Diese Methode findest du idealerweise heraus, was noch offen oder unklar ist.

9.8.) Schicken Sie uns vorab Unterlagen zu

Wieder ein höflicher Versuch dich abzuwimmeln. Aus eigener Erfahrung wollen dir deine Gesprächspartner noch einen letzten Strohhalm vor die Füße werfen. Was passiert in der Praxis? Unterlagen an "info@tralala.de" verschickt und auf nimmer wiedersehen. Eventuell noch ein Follow Up Anruf hinterher und dann verläuft sich das Ganze im digitalen Papierkorb. Viele Verkäufer wechseln nun in den "Standardmodus" und schicken "wie besprochen" eine E-Mail Vorlage an besagte Info@Adresse. Langweilig. Jetzt zeige ich dir ein paar Ansätze, wie du den Interessenten doch noch für dein Angebot begeistern kannst.

Spezifische Unterlagen
"Das mache ich für Sie. Was soll ich denn in die Unterlagen reinschreiben, damit es für Ihre **Entscheidungsfindung** relevant ist?"

Das lebensgroße Informationspaket
"Da habe ich genau die richtigen Unterlagen für Sie. Es wiegt knapp 80 Kilo bei einer Größe von 180cm. Wann passt Ihnen die Übergabe am besten?"

Text hat keinen Ton
"Herr Müller, Sie wissen doch: Text hat keinen Ton. Wir machen es folgendermaßen. Damit ich sichergehen kann, dass keine Fragen offen sind, bringe ich Ihnen die Unterlagen persönlich vorbei.

Wann passt es Ihnen heute Nachmittag gegen 15:00 Uhr?

Bei manchen Geschäftsführern kommst du damit durch, bei anderen wiederum stößt du auf taube Ohren. So ist das im Vertrieb, aber du musst eben alles Versuchen mit **Witz und Charme** zum nächsten Schritt zu kommen.

9.9.) Rufen Sie in X Monaten wieder an

Nein heißt nicht Nie! Und mit dieser Einstellung bekommst du tatsächlich auch Aufträge und Abschlüsse - nur eben nicht jetzt sofort! Wenn du deinem Kunden den Eindruck vermittelst, dass du auf schnelles Geschäft aus bist und sofort in die Kiste willst, dann kannst du gleich wieder einpacken. Geduld ist im Vertrieb eine unterschätzte Eigenschaft. Mit meiner Hartnäckigkeit im Vertrieb bin ich monatelang an meinen Interessenten dran geblieben. Du musst also konsequenz Kontaktsport betreiben und in Verbindung bleiben - bei einer vierstelligen Provision pro Auftrag natürlich motivierend! Aber das steht auf einem anderen Blatt. An dieser Stelle ist eine Sache unheimlich wichtig: nicht einfach abnicken sondern **INFORMATIONEN** gewinnen!

“Herr Meyer, das können wir gerne so machen. Was mich persönlich interessiert: Was wird in 3 Monaten für Sie und Ihr Unternehmen anders sein?”

Mit dieser Frage öffnest du wohlmöglich die Gedankenwelt deines Gesprächspartners. Dadurch bekommst du einen wichtigen Zugang seiner Planung und seinen Zielen. In der heutigen Zeit der großen Veränderungen gibt es in Unternehmen viele Baustellen. Deswegen passt es in der Regel eher selten und Projekte brauchen auch eine gewisse Vorlaufzeit! Meine Erfahrung aus der Praxis: Bei mir erstreckte sich der längste Zeitraum vom Erstkontakt über zahlreiche “warm haltende” Anrufe bis zum endgültigen Vertragsabschluss über 8 Monate!

Deswegen steckst du den Kopf nicht in den Sand sondern freust dich auf das nächste Gespräch!

Konfrontationstechnik

"Herr Meyer, ich finde es gut, dass Sie das so offen ansprechen - nur so kommen wir weiter. Deswegen meine direkte Frage: Machen Sie jetzt komplett dicht oder besteht aus Ihrer Sicht eine Grundlage, auf der wir in 2 bis 3 Monaten über eine sinnvolle Zusammenarbeit sprechen können? Ich frage deshalb so direkt, weil wenn ich Sie dann wieder anrufe, dass auch wirklich Interesse besteht, Ihre und meine wertvolle Zeit investieren um für beide Seiten eine gewinnbringende Zusammenarbeit zu schaffen.

Wie denke Sie darüber?"

Ja ich weiß, an dieser Stelle rollen die ein oder anderen die Augen. ABER: mit dieser Herangehensweise bekommst du meistens eine ehrliche Antwort und INFORMATIONEN! Die Psychologie dahinter ist recht einfach und basiert auf dem „Reziprozitätsprinzip". In einfachen Worten: du bist ehrlich, dein Gesprächspartner antwortet mit Ehrlichkeit. Ab jetzt bekommst du dann auch qualifizierte Termine, bei denen auch wirkliches Interesse besteht. Manchmal muss es eben auch die sanfte Brechstange sein. Und so lange im Raum das Licht an ist, wird auch jemand da sein, der die Tür aufmacht. Deswegen sei dir immer bewusst: wenn ein Geschäft JETZT nicht zustande kommt, dann eben etwas später - Geduld im Verkauf ist eine wichtige Eigenschaft!

9.10.) Das muss ich noch mit dem Boss oder Partner besprechen

Wenn du deine Verkaufsgespräch vernünftig führst und die Entscheiderkette kennst, dann sollten eigentlich alle Entscheidungsträger am Tisch sitzen. Bei mir gibt es eine **goldene Regel** für Abschlussgespräche: Erst wenn alle mit an Bord sind und den gleichen Informationsstand haben, nur dann verlässt das Schiff den Hafen. Wie oft sind Deals in der Vergangenheit geplatzt oder verschoben worden, gerade weil nicht alle mit am Tisch sitzen! Never again! Lieber verschiebe ich den Termin um eine Woche, als das ich meine wertvolle Zeit mit Gesprächen verbringe an denen nicht alle Entscheider teilhaben. Falls es doch mal dazu kommen sollte, dann werden dich diese zwei Methoden schnell an dein Ziel bringen:

Allein-Entscheider-Methode

"Herr Meyer, ich verstehe, dass Sie noch mit Partner, Boss, (Hund oder Katze) darüber sprechen müssen. Mal angenommen Sie würden jetzt die Entscheidung alleine treffen, dann gehen wir jetzt im Projekt weiter voran, oder?

Du baust an dieser Stelle natürlich etwas Druck auf und lockst deinen Gesprächspartner aus der Reserve. Wenn er dir in diesem Augenblick den Auftrag erteilt, dann hast du bereits ein wichtiges Commitment eingeholt! Der logisch nächste Schritt: ein gemeinsamer Termin.

Gemeinsamer Termin

"Okay Frau Schmidt, es macht natürlich nur Sinn, in dem Projekt einen Schritt weiter zu gehen, wenn alle an einem Tisch sitzen. Deswegen schlage ich folgende Termine für ein gemeinsames Meeting vor..."

Jetzt kannst du wertvolle Informationen sammeln und in das Gespräch einfließen lassen. Eventuell sind noch Dinge unklar oder müssen nochmal gegen gesprochen werden. Am besten beantwortest du alle Fragen, wenn jeder aus der Entscheidungskette dabei ist. Denn eine der wichtigsten Nebenaufgaben eines Verkäufers ist es, den Entscheidungshelfer für "gestandene" Geschäftsführer und Geschäftsführerinnen zu spielen.

10) Abschluss und Aftersales

Wochen oder Monate sind bereits vergangen, du bist endlich auf der Zielgeraden. Im Kampf um den Preis hast jegliche Einwände pariert und deinen Kunden zu 100% verstanden. Der entscheidende Moment ist gekommen um die wichtigste aller Fragen zu stellen:

Die Abschlussfrage!

Jetzt keinen Fehler mehr machen, bloß nicht schwitzen oder andere Zeichen der Nervosität zeigen. Mit Sicherheit kommt dir diese Situation bekannt vor! In diesem Kapitel gehe ich konkret auf verschiedene Abschluss-Strategien, wichtige Kaufsignale und das weitere Geschäft ein. Denn nach dem Abschluss ist vor dem Abschluss.

Mit welcher Einstellung gehst du in dein Verkaufsgespräch? Deine Energie ist ein extrem wichtiger Faktor. Bist du gut drauf? Strotzt du vor Selbstvertrauen und Zuversicht? Kannst du dir den Abschluss bereits vorstellen? Wenn du diese Fragen mit einem lauten "JAAAA" beantwortest, dann ist der Abschluss in deinem Kopf bereits geschehen. Jetzt brauchst du "nur" noch die Unterschrift deines Kunden!

10.1.) Kaufsignale

Wann ist der richtige Zeitpunkt nach dem Abschluss zu Fragen? Gibt es diesen "perfekten Zeitpunkt" überhaupt? Wann zeigt dir dein Kunde ein Kaufsignal? Und welches Kaufsignal zeigt dir dein Interessent, wenn er bei dir kaufen will? Oder habe ich doch ein Kaufsignal verpasst? An dieser Stelle will ich dir einen wichtigen Tipp mitgeben: entspanne dich! Achte auf deinen Kunden. Konzentriere dich auf ein sehr starkes Kaufsignal. Aber welches denn bloß? Es sind weder gespitzter Mund, große leuchtende Augen noch eine vor lehnende Körperhaltung.

Es ist viel einfacher: Dein Gesprächspartner interessiert sich, wenn er Fragen zu dir, deinem Produkt, deiner Dienstleistung oder deinem Unternehmen stellt. **Fragen zeugen von Interesse**. Leider verfehlen viele Verkäufer an dieser Stelle bereits ihr Ziel: sie hören nicht richtig zu und "überhören" die Fragen des Interessenten. Deswegen gilt es: konzentriere dich auf deinen Kunden! Freilich ist die **Körpersprache** auch ein Indiz dafür, ob dein Kunde dir zustimmt oder seine Desinteresse durch seine ablehnende Körperhaltung signalisiert. Daran erkennst du in vielen Fällen die unterbewusste Einstellung deines Kunden.

In diesem Kapitel gehe ich speziell auf Kundenfragen ein, die dir ein Interessent stellt:

Verfügbarkeit oder Zeitrahmen

- ☐ Ab wann können Sie liefern?
- ☐ Ist es im Lager verfügbar?
- ☐ Wie ist die Lieferzeit
- ☐ Wie schaut es mit Nachbestellungen aus?

"Preisfragen" - will jemand den Preis wissen, dann deutet das auf ein großes Kaufsignal

- ☐ Wie hoch ist der Preis?
- ☐ Können wir am Preis etwas machen?
- ☐ Wie können wir das finanzieren?

Alternativfragen - Das Produkt entspricht nicht 100% den Vorstellungen des Kunden

- ☐ Gibt es das Teil auch in der Farbe XY?
- ☐ Sind auch noch andere / ähnliche Modelle verfügbar?

Schreib dir diese beiden Merksätze am besten hinter die Ohren oder mach dir gleich ein Tattoo daraus: Wenn sich deine Gespräche unnötig in die Länge ziehen, dann entscheidet sich der Kunde schnell wieder um. Falls dein Kunde viele Fragen zu deinem Produkt oder deiner Dienstleistung stellt, dann hör auf zu verkaufen und fang an den Abschluss einzuleiten! Du musst also nicht "perfekt" beraten oder übermotiviert in das Gespräch gehen. Nutze das Zeitfenster für den **Kaufabschluss**, erkenne die dazugehörigen **Signale** und führe deinen Kunden zur **Unterschrift**!

10.2.) Abschluss

Eines vorweg: auch wenn du deinen potentiellen Kunden von dir und deinem Angebot begeistert hast, bedeutet das noch lange nicht, dass er auch zeitnah kaufen wird. Im B2C Vertrieb will ich natürlich eine zeitnahe Entscheidung forcieren. Denn die Begeisterung nach dem Gespräch flaut meistens rasch ab. Der Kunde "denkt" nach, findet bizarre Einwände und zweifelt an seiner Entscheidung. Gleiches gilt natürlich auch im B2B-Vertrieb. Ich dachte immer, dass Unternehmer, Geschäftsführer entscheidungsfreudige Menschen sind. Dem ist leider nicht mehr so. Vereinzelt gibt es noch Geschäftsführer mit einem ausgeprägten "Entscheidungsmuskel" - doch diese werden auch immer seltener. Deswegen musst du deine Kunden mit gezielten Fragen zum Abschluss führen:

- ☐ „Wann möchten Sie bestellen?"
- ☐ „Möchten Sie Ihr Produkt schon diese Woche oder erst nächste Woche haben?"
- ☐ „Wollen Sie lieber (...) oder (...)?"
- ☐ „Soll ich im Kaufvertrag (..) oder (..) angeben?"
- ☐ „Ist Ihnen (...) oder (...) angenehmer?"

Das Ziel dieser Gesprächsphase ist ganz klar: Eine eindeutige **Entscheidung**! Dazu werden auf beiden Seiten konkrete Schritte festgemacht und **Verbindlichkeiten** geschaffen.

Kaufreue und Stornos vermeiden

Was zum Geier ist denn Kaufreue? Vielleicht kennst du das ja selber: du hast etwas gekauft, aber irgendwie macht dich der Kauf nicht glücklich oder bringt dir nicht den gewünschten Effekt. Das ist ein Ergebnis von Kaufreue! Menschen tendieren leider sehr leicht dazu, die getroffene Entscheidung zu hinterfragen!

Nach erfolgreichen Abschlüssen wende ich meistens zwei Taktiken an:

Nr. 1 Worauf freust du dich am meisten

Mit dieser Frage will ich bezwecken, dass sich mein Kunde das Produkt quasi nochmal selbst verkauft. Er wird dir Auskunft über seine Wünsche und Erwartungen geben und unterstützt mit positiven Emotionen die Kaufentscheidung.

Nr. 2 Ausblick auf die nächsten Schritte

Je nach Produkt oder Dienstleistung bietet sich an, die nächsten Schritte nochmal vor Augen zu führen. Dadurch erlebt dein Kunde seinen Kauf auf emotionaler Ebene. Damit verankert sich ein positives Bild des Gewinns. Gleichzeitig reduzieren sich die Gedanken daran, Geld ausgegeben bzw. "verloren" zu haben.

Angenommene Abschlusstechnik

Vielleicht kommt es dir jetzt ein wenig "magisch" vor. Aber ja, erfolgreiche Verkäufer sind insgeheim auch Magier - auf mentaler Ebene. Denn allein die Annahme über einen erfolgreichen Abschluss erschafft ein starkes mentales Fundament! Auf dieser Grundlage baust du den Abschluss auf und gewinnst einen neuen Kunden! So weit, so einfach!

Aber bevor du dich selbstsicher und mit gesteigertem Selbstvertrauen in den Abschluss stürzt muss ich noch eines klarstellen:

"Wenn du weißt, wie du ein Auto fährst, aber die wichtigen Verkehrsregeln nicht kennst, dann nutzt dir das Wissen nichts, wie du Auto fahren kannst."

In anderen Worten: erst wenn du den Verkaufsprozess mit den einzelnen Schritten verinnerlicht hast, dann bist du auch soweit, den Abschluss als reine "Formsache" zu sehen. Jeder Schritt im Verkaufsprozess ist wichtig, wie du von A nach Z kommst. Diese "Verkaufsregeln" zeigen dir, welche Schritte notwendig sind und zum Erfolg führen - ohne eben vorher zu crashen und einen Unfall zu bauen. Dann ist der Kunde weg, deine Provision und wohlmöglich auch die Motivation. Deswegen bereite dich so gut vor, wie es dein Kunde verdient hat. Denn mit dieser Einstellung gewinnst du deine Interessenten für dich!

Angenommene Abschlussfragen

“Wie zufrieden sind Sie damit, dass wir jetzt eine passende Lösung gefunden haben?”

“Herr Vogt, herzlichen Glückwunsch, dass Sie diesen Weg mit uns gehen. Jetzt benötige ich noch kurz ihre drei “X” und dann starten wir!”

“Frau Schultz, jetzt sind wir alle Punkte zu ihrer vollen Zufriedenheit durchgegangen. Ich freue mich, dass wir die nächsten Schritte zusammen gehen. Jetzt bleibt nur noch eine kleine Formalie offen...”

“Herzlichen Glückwunsch und willkommen in unserem Team! “

Dank dieser Fragen leitest du professionell und geschickt den Abschluss ein. Wenn du deine Hausaufgaben richtig gemacht hast, dann sollte es in der Regel keinen Widerstand mehr geben. Selbst wenn dem Stift geht die Tinte ausgeht, dann hast du als gut vorbereiteter Verkäufer immer Ersatz dabei! In diesem Sinne: hol dir das schriftliche JA deines Kunden ein. Du hast es dir verdient. Genieße das Gefühl des Gewinners!

10.3.) Zusatzverkäufe

Fakt ist: Neukunden über die Kaltakquise zu gewinne ist zweifelsohne die Königsdiszilplin. Wenn du erstmal einen Kunden für dich und dein Unternehmen gewonnen hast, dann kannst du diese positive Verbindung dazu nutzen, dem Kunden noch zusätzliche Angebote zu machen.

Cross Selling

Wahrscheinlich kennst du den "Querverkauf" bei großen Online-Händler wie Amazon und andere Plattformen. Kunden die X gekauft haben, entschieden sich auch für Y oder Z. Denn zur exquisiten Kaffeemaschine werden noch hochwertiger Kaffee und schöne Tassen verkauft. Oder wenn du einen hochwertigen Anzug kaufst, dann kaufst du noch elegante Schuhe und ein stilvolles Einstecktuch dazu.
Der EInzelhandel nutzt das Potential des Zusatzverkaufs schon seit ewigkeiten. Nur die Marktplätze, Kaufhäuser und digitalen Shops haben sich mit der Zeit verändert.

Wie nutzt du Cross Selling im B2B Vertrieb?

Ein Autohändler bietet zum Beispiel einen Pannenservice oder Reifenwechsel-Service mit Winterstellplatz für die Sommerreifen an. Im heutige Leasing-Zeitalter könnte das Auto zusätzlich foliert werden, damit der Lack bis zur Abgabe wie neu aussieht und der Kunde keine zusätzlichen Kosten bei der Abgabe des Fahrzeugs hat. Wie du siehst, die Möglichkeiten für Zusatzverkäufe sind vielfältig.

Upselling / Veredelungsverkauf

Standard, Premium oder Deluxe? Das sind einige "Klassen" des Zusatzverkaufs bzw. des Upsellings. Zusätzliche Extras, persönlicher 24/7 Service oder bessere Produktqualität. Alles hat seinen Preis und den entsprechenden Wert. Aber warum sollte dein Kunde jetzt noch mehr ausgeben?

Grundvoraussetzung für ein erfolgreiches Upselling ist eine ordentliche Bedarfsanalyse. Mit diesen Fragen erkennst du das Potenzial für den Zusatzverkauf und nimmst deinen Kunden mit auf die Reise:

- ☐ In welcher Umgebung wird das Produkt eingesetzt?
- ☐ Welche Belastungen ist das Produkt im Alltag ausgesetzt?
- ☐ Wie lassen sich die Abläufe durch weitere Dienstleistungen optimieren?

Beispiele aus der Praxis

- ☐ Wenn eine Maschine übermäßigen Belastungen ausgesetzt ist, macht es Sinn engere Wartungsintervalle zu veranlassen
- ☐ Concierge Service für die Aufbereitung und Qualifizierung von Online-Leads

Mit dem Zusatzverkauf wird dem Kunden signalisiert: Ich denke mit und will die bestmögliche Lösung für dich. Diese Wertschätzung das sorgt auch für eine nachhaltige Kundenbindung.

10.4.) Referenzen und Empfehlungen

Der letzte Prozessschritt ist einer der wichtigsten und gleichzeitig am meisten vernachlässigte Punkt auf der Agenda. Zu meiner Schande muss ich gestehen, dass ich an diesem Punkt auch noch einiges aufzuarbeiten habe und meine Referenzliste deutlich besser pflegen muss. Wenn du gerade erst startest und den Vertrieb aufbaust, dann zögere nicht, diesen letzten Schritt zu nutzen. Einer meiner ersten Kunden hatte folgendes Problem: er war nicht sichtbar. Er führte einen kleinen türkischen Lebensmittelladen im Herzen der Karlsruher Oststadt. Keine einzige Google-Bewertung und dadurch auch einen niedrigen Bekanntheitsgrad in der Umgebung. Es kauften immer die gleichen Kunden ein. Das musste sich ändern! Die Idee war so einfach wie simpel. Ich zeigte ihm einen simplen Entwurf einer Visitenkarte - versehen mit einem QR-Code und der freundlichen Bitte, seinen Laden bei Google zu bewerten. Mit dieser Aktion bekamen wir in wenigen Wochen knapp 30 neue Bewertungen. Es klingt vielleicht nicht viel, aber im Ranking pushte es den Laden hoch und aufgrund der sehr guten Bewertungen hatte er ein ganz anderes Standing. Eine kleine Geschichte mit einer großen Wirkung. Und was im Kleinen gut funktioniert, das skaliert sich natürlich im Großen!

Nutze die **Macht der Empfehlungen und Referenzen** für dein Geschäft. Fordere die Meinung deiner Kunden ein und veröffentliche sie. Klingt nach viel Arbeit? Ja, jedoch schlägst Du gleich zwei Fliegen mit einer Klappe. Einerseits bekommst du aufgrund der Referenzen "automatisch" neue Kunden. Warum? Weil das Phänomen des "Social Proof" in den Köpfen der Kunden ein starkes Vertrauen auslöst. Und Vertrauen ist die Grundbasis im Verkauf. Auf der anderen Seite bekommst du wichtiges Feedback der Kunden. Wo viel gearbeitet wird, da passieren natürlich auch Fehler und falls etwas ´ nicht ganz nach Plan verläuft, kannst du immer noch gegensteuern!

Gerade wenn du Neukunden im B2B-Vertrieb gewinnen willst, brauchst du Referenzen und Empfehlungen. Diese wirken sich natürlich sehr positiv auf den Vertriebserfolg aus. Stell dir vor, du baust diesen Zwischenschritt in deinen Verkaufsprozess ein. Der eine Geschäftsführer als dein Kunde überzeugt aus neutraler Sicht deinen Interessenten! Du hast einfach viel weniger zu tun und das nächste Gespräch mit dem potentiellen Kunden erfolgt auf einer deutlich verbesserten Grundlage. Die Meinung "Dritter" wird oftmals als glaubwürdig bewertet. Denn deine Referenzen erzeugen Vertrauen und sind gleichzeitig eine wichtige Aussage über die Qualität deiner Arbeit!

Aufgabe: Erstelle eine Kundenliste

Jedes Unternehmen oder jeder Verkäufer ist eigentlich verpflichtet, eine Liste mit zufriedenen Kunden zu führen. Falls nicht, dann lässt du JETZT alles stehen und liegen und erstellst diese Liste! Diese Liste nimmst du und besorgst dir von jeden deiner Kunden eine "Kundenstimme". Keine Ausreden, denn social Selling funktioniert und spielt dir in die Karten!

Der Pinguin lebt - Nachwort

Warum eigentlich Pinguine? Die Geschichte lässt sich relativ simpel erzählen: Ich fand das Coverbild mit den zwei Pinguinen verblüffend. Denn ich fühlte mich am Anfang meiner Vertriebskarriere genau wie jener Pinguin, der von dem anderen eiskalt abgelehnt wurde. Sicherlich hast du Pinguine bereits in einer Doku gesehen. Sie machen einen drolligen Eindruck und in ihrer Bewegung an Land sehr unkoordiniert. Genau so bewegte ich mich anfangs durch die Kaltakquise...

Nach einigen Gehversuchen, unangenehmen Stürzen und holprigen Telefonaten gelang es mir: mit einem beherzten Sprung ins kalte Wasser erkannte ich meine wahre Stärke.
Denn das wahre Talent eines Pinguins zeigt sich erst unter der Wasseroberfläche. Mit unfassbarer Agilität fliegen Pinguine durchs kühle Nass und ihre "Stummelflügel" verwandeln sich in kräftige Flossen! Als Experten für eiskalte Tauchgänge können Pinguine bis zu 6 Minuten die Luft anhalten - alles eine Frage der Technik! An Land sind Pinguine erbärmliche Jäger und würden aufgrund ihrer Behäbigkeit wahrscheinlich verhungern. Jedoch mit der richtigen Technik, einer geeigneten Strategie und dem passenden Beuteschema sind Pinguine in der Lage, in dieser "lebensfeindlichen" Region zu überleben.

Und genau so ging es mir damals, als ich die passende Technik lernte, meine Zielkunden besser definierte und mit funktionierenden Strategien in den Akquise-Pool tauchte.

Kaltakquise fing tatsächlich an, mir Spaß zu machen. Mit jedem geführten Gespräch wurde ich besser und erzielte meine ersten Abschlüsse - ein Meilenstein. Die ersten Aufträge, ich gewann neue Kunden und spürte den Erfolg in meinen Adern! Dank meiner Beharrlichkeit und meinen hervorragenden Mentoren wurde ich besser. Und genau das ist der Punkt: Du musst nicht alles alleine machen! Erfolgreiche und smarte Menschen haben eine goldene Regel: Bitte jemanden um Hilfe, der da ist wo du gerne hin willst! Dieses Mindset bildet die Grundlage für einen erfolgreichen Lebensweg! Du lernst aus den Fehlern anderer und übernimmst erfolgversprechende Strategien! An dieser Stelle habe ich einen Appell an dich: lege dieses Buch beiseite und wende das Wissen konsequent an. Wenn dich diese Ansätze überzeugen und du deinen Erfolg damit steigern konntest, dann bin ich froh, dass ich keine Zeit und Mühen gescheut habe, diese Zeilen zu schreiben. Falls du dich oder dein Vertriebsteam, deine Prozesse optimieren willst, dann kenne ich einen hervorragenden Trainer und Umsetzer - hier seine Telefonnummer:

0176 / 56571612

Ich bedanke mich herzlich für deine Zeit und wünsche dir fette Beute für dein Unternehmen!

A. Webers

Dein Andreas

Quellenverzeichnis und Literaturangaben

Bodo Schäfer - Die Gesetze der Gewinner

Martin Limbeck - Limbeck Laws: Das Gesetzbuch des Erfolgs in Vertrieb und Verkauf

Dr. Joseph Murphy - Die Macht Ihres Unterbewusstsein

Werner Hahn - AZUBI Kevin rockt den B2B-Vertrieb

Mark McCormack - Was Sie an der Harvard Business School nicht lernen

Napoleon Hill - Der geheime Weg zu Freiheit und Erfolg: Wie man den Teufel in sich selbst besiegt

Michael Ehlers - Rhetorik - Die Kunst der Rede im digitale Zeitalter

Karsten Brocke - Wenn Du siegen willst, lass andere gewinnen: Neuromarketing aus der Praxis für die Praxis

Bemerkung: Alle Bücher sind mit Amazon-Affiliate Links versehen. Wenn du über diese Links ein Buch bestellst, dann unterstützt du meine sozialen Programme, die 80% des erzielten Umsatzes bekommen.

Printed in Poland
by Amazon Fulfillment
Poland Sp. z o.o., Wrocław

27824399R00151